KB266722

나는 학원 없이 **7개 국어**를 정복했다

나는 학원 없이 7개 국어를 정복했다

1판 1쇄 펴냄 2026년 5월 15일

지은이 서영훈
발행인 김병준·고세규
발행처 생각의힘
편집 박소연·봉정하 디자인 이소연·김경민 마케팅 김유정·신예은

등록 2011. 10. 27. 제406-2011-000127호
주소 서울시 마포구 독막로6길 11, 2, 3층
전화 편집 02)6925-4185 영업 02)6925-4188 팩스 02)6925-4182
전자우편 tpbook1@tpbook.co.kr 홈페이지 www.tpbook.co.kr

ISBN 979-11-94880-83-7 (03190)

나는 학원 없이 7개 국어를 정복했다

서영훈 지음

생각의힘

언어는 내 삶의 영토를 넓히는 확실한 레버리지다

내게 언어는 오래전부터 경외의 대상이자 매혹의 원천이었다. 각 언어가 가진 소리와 리듬, 특유의 숨결이 씨줄과 날줄로 얽혀 새로운 색을 만들어내는 순간을 사랑했다. 내성적인 성격이었지만 지하철에서 낯선 언어가 들리면 꼭 가까이 가서 그 소리를 조금이라도 더 듣고 싶었다. 조금이라도 아는 언어라면 서툴러도 먼저 말을 걸고 싶어 입가가 근질근질했다.

언어가 즐거운 건 비밀 암호를 풀어가는 지적 노동이기 때문이다. 암호가 하나씩 풀릴 때마다 청량음료 같은 성취감이 터진다. 무엇보다 언어는 한 번도 열리지 않았던 문이 스르르 열리는 마법 같은 순간을 준다. 그 문이 사람의 마음이 될 때도 있었고, 처음 걷는 도시의 뒷골목이 될 때도 있었다. 때로는 내가 몰랐던 내 안의 한 조각이 그 너머에 있었다.

어쩌다 보니 영어, 일본어, 중국어, 스페인어, 프랑스어, 독일어, 이탈리아어 7개 언어를 배우게 되었지만 언어에 남다른 재능이 있는 건 아니다. 암기하는 일은 무엇보다 꺼려하는 일이고, 소리를 구별하고 흉내 내는 능력도 없다. 뭔가를 꾸준히 하는 일이 늘 힘들다. 일본어를 잠깐 손댔다가 중국어를 하고, 그러다가 지겨워지면 또 다른 언어를 두리번거렸다. 교환학생 경험이 있던 터라 영어만큼은 어느 정도 자신이 있었건만 첫 미국 출장에서 큰 좌절도 겪었다. 식당 종업원에게 "Two hamburgers, please"라고 했을 때 종업원이 이해하지 못해 세 번이나 되물었다. 말할 수 없는 당혹감을 느꼈다. 소리와 공부를 완전히 분리한 채 익힌 영어의 한계였다.

중국 벼룩시장에서 백악관, EU, WTO까지 갈 수 있었던 힘

나만의 문제가 아니었다. 수년씩 공부하고도 외국인 앞에서 말문이 막히는 경험, 한 번쯤 있지 않은가. 열심히 하지 않아서가 아니다. 효과적인 방법이 따로 있었던 것이다. 답을 찾기 위해 세계 언어 고수들의 학습 비결도 흉내 내보고, 시행착오를 거듭하며 뇌과학과 심리학 이론을 바탕으로 나만의 방법을 만들어갔다. 실전에 맞는 학습법을 적용해 가면서 언어도 조금씩 몸에 붙기 시작했다. 백악관 부속 회의실에서 협상할 때 통역에만 의존했다면 놓쳤을 상대의 뉘앙스를 직접 포착했고, 국제 협정 개정 협상을 능동적으로 준비할 수 있었다. 2년 동안 독일어 문법을 붙들고도 인사말 한 마디 변변치 않았지만, 방법을 바꿔서 한 달간 이탈리아어를 공부한 뒤, 현지에서 이탈리아어만으로 여행을 마쳤다.

외국어가 주는 가장 큰 선물은 자유와 기회다. 자유란 완벽하지 않아도 누군가에게 의지하지 않고 내 생각을 직접 표현할 수 있는 것이고, 기회란 그로 인해 열리는 새로운 경험과 성장이다. 대학 시절 맺었던 독일 NGO와의 인연은 독일어 한 마디가 없었다면 20년 넘게 이어오지 못했을 것이다. 중국 벼룩시장에서는 중국어로 흥정을 했기에 바가지를 면하고 오히려 좋은 물건을 건질 수 있었다. 언어는 단순히 소통의 도구가 아니었다. 내가 서 있는 세계의 크기 자체를 바꿔놓았다. 언어는 그렇게 삶의 곳곳에서 예상치 못한 선물을 건넨다. 만나는 사람이 달라지고, 열리는 문이 달라지고, 그렇게 삶의 순간 순간이 알차고 풍요롭게 채워진다.

AI 시대, 언어라는 '희소 자산'에 투자해야 하는 이유

누군가는 묻는다. "AI가 다 통역해 줄 텐데, 굳이 왜 배워야 할까?" 틀린 말이 아니다. 기능으로서의 언어, 즉 의사 전달의 도구로만 본다면 AI가 상당 부분을 대신할 수 있다. 직업으로서의 통번역사가 위협받는 것도 현실이다. 그러나 AI가 대신할 수 없는 게 있다. 번역 자막이 아무리 완벽해도 내가 직접 만든 문장을 건네고, 상대의 눈빛이 반짝이며 표정이 풀리는 순간은 기계가 만들어줄 수 없다. 러닝머신 위에서 소모한 칼로리와, 헉헉거리며 산 정상에 올라 내려다본 풍경이 같지 않듯이, 그 설렘과 인연, 살아 있는 경험은 시간을 들여 스스로 문을 연 사람만이 받을 수 있는 선물이다.

그렇다면 어떻게 외국어를 공부해야 할까. 열심히만 한다고 입이 열리는 건 아니다. 외국어는 학문이 아니라 기술이기 때문이다. 단어를 눈으로만 외우는 대신 소리와 의미를 처음부터 함께 연결하고, 문법을 다 익힌 다음에 말하는 게 아니라 틀려도 일단 입 밖으로 꺼내야 한다. 매일 조금씩, 식빵에 잼을 얇게 펼쳐 바르듯 일상 속에 넓게 깔아야 한다. 하루 몰아서 하는 벼락치기는 금방 증발한다. 역설적이게도, AI는 바로 그 학습을 지금껏 가장 쉽게 만들어주는 도구다. 스마트폰, 유튜브, 넷플릭스와 함께 AI까지 더해진 지금은 안방에서도 본격적인 어학연수가 가능한 시대다. AI를 적으로 볼 것이 아니라, 가장 강력한 언어 학습 도구로 쓰면 된다.

나만의 속도로 구축하는 대체 불가능한 언어 자본

이 책에는 언어 학습의 원리부터 습관까지, 실전에서 작동하는 모든 것을 담았다. 언어를 몸에 새기는 7가지 코드, 읽기·듣기·쓰기·말하기 근육을 키우는 훈련법, 그리고 지치지 않고 끝까지 가는 멘탈 관리까지. 핵심은 배우고, 자연스럽게 익히고, 몸에 새기는 세 축이 함께 굴러가는 삼각 엔진이다. 이 책의 방법을 따라가다 보면 스마트폰 하나로 학원이나 어학연수 못지않은 몰입 환경을 만들 수 있다. 각 장마다 〈Level Up 실전 적용〉이 있어 배운 것을 바로 자신의 루틴과 훈련법으로 직접 실행해 볼 수 있다. 하루 단 30분과 자투리 시간만 있다면 어떤 언어든 6개월 만에 기초적인 의사소통이 가능하다.

여기서 말하는 '언어 정복'은 동시통역사 수준의 유창함이 아니다. 나 자신도 7개 언어를 경험했지만 일부를 빼고는 여전히 서툴고, 아직 초보 수준인 언어도 있다. 그렇지만 7개 언어는 각각의 필요와 목적이 달랐고, 모두를 고급으로 올려야 한다는 강박도 없었다. 각각의 수준에서 나는 여전히 충분히 언어를 만끽하고 있다. 피아노를 즐기면 되는 것이지 모두가 임윤찬이 될 필요는 없듯이, 에베레스트에 올라야만 산을 정복하는 것도 아니다. 어떤 언어든 즐기는 순간이 곧 그 언어를 정복하는 순간이 된다. 언어 앞에서 더 이상 주저하지 않고, 새로운 언어를 기꺼이 시작할 수 있는 것, 각자의 속도로 각자의 목표를 향해 나아가는 것이다. 언어의 문이 하나씩 열릴 때마다, 우리가 살아가는 세계도 조용히 넓어진다.

이 책이 출간되기까지 많은 분들의 도움이 컸다. 어설픈 초고에도 불구하고 가치를 알아봐 주신 생각의힘 고세규 대표님께 감사드린다. 특히 이 책의 편집을 맡아 독자들에게 꼭 필요한 내용들로 책이 재정비될 수 있도록 열정을 다한 박소연 편집자님께 감사를 전한다. 탁월한 편집 감각과 실력 덕분에 원석의 투박함이 반듯한 모습으로 다듬어졌다. 외국어 학습의

전문가로, 이 책의 첫 번째 독자로 조언을 아끼지 않은 친구 성
겸에게도 고맙다는 말을 전한다.

일러두기

1. 〈Level Up 실전 적용〉은 기본적으로 영어를 예시로 들었으나, 독자가 공부하는 어떤 언어에도 적용할 수 있다.

2. 언어 수준을 나타내는 국제 표준으로는 유럽언어공통참조기준CEFR이 널리 쓰이지만, 이 책에서는 편의상 초급·중급·고급으로 단순화하여 사용하되, 불가피한 경우에 한해 CEFR 등급을 병기한다.

   다음 표는 이 책의 언어 수준 구분과 CEFR 등급의 대응 관계를 정리한 것이다.

이 책의 언어 수준 구분과 CEFR 대응

기준	초급	중급	고급
CEFR	A1~A2	B1~B2	C1~C2

유럽언어공통참조기준은 유럽평의회가 개발한 언어 능력 평가의 국제 표준으로, 언어 능력을 A1부터 C2까지 6단계로 나누어 기술한다. 현재 영어·프랑스어·독일어·스페인어·이탈리아어 등의 학습과 공인시험에서 활용되고 있다.

CEFR 등급별 상세 설명

등급	수준명	가능한 수준
A1	입문	매우 기초적인 표현과 인사말을 이해하고 사용한다. 상대방이 천천히 말할 때 간단한 질문과 답변이 가능하다.
A2	초급	가족, 쇼핑, 직장 등 자주 접하는 주제의 문장과 표현을 이해한다. 간단하고 일상적인 정보 교환이 가능하다.
B1	중급	직장·학교·여행 등 익숙한 상황을 대체로 이해한다. 관심 주제에 대해 간단히 의견을 표현하고 경험을 묘사할 수 있다.
B2	중상급	복잡한 주제의 텍스트를 이해하고 원어민과 자연스러운 소통이 가능하다. 근거를 들어 자신의 견해를 표현할 수 있다.
C1	고급	길고 복잡한 텍스트를 깊이 이해하며 즉흥적으로 유창하게 표현한다. 학문적·직업적 목적으로 언어를 효과적으로 사용한다.
C2	최상급	듣거나 읽은 모든 것을 원어민 수준으로 정확하게 이해한다. 복잡하고 미묘한 상황에서도 자연스럽고 정밀하게 표현할 수 있다.

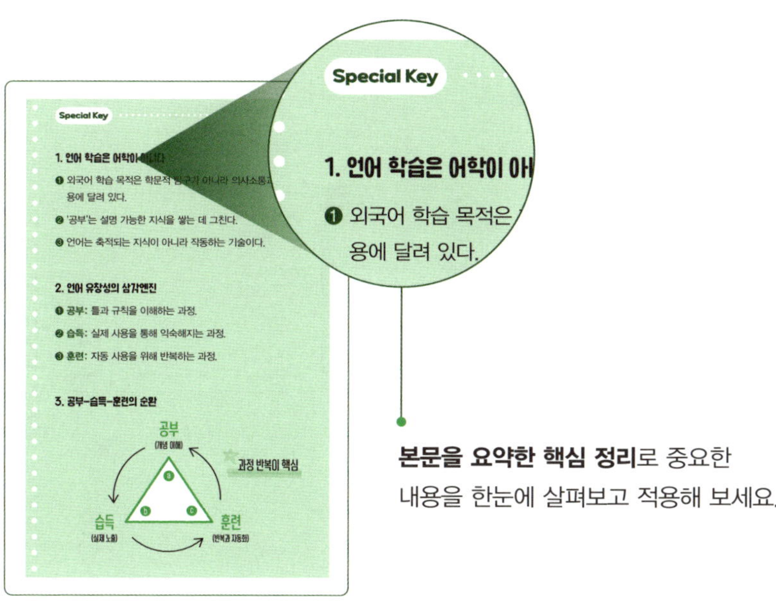

본문을 요약한 핵심 정리로 중요한 내용을 한눈에 살펴보고 적용해 보세요.

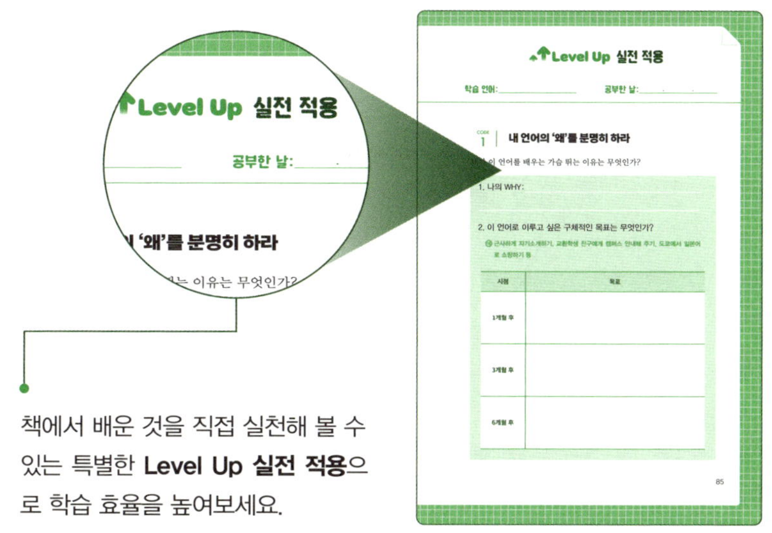

책에서 배운 것을 직접 실천해 볼 수 있는 특별한 **Level Up 실전 적용**으로 학습 효율을 높여보세요.

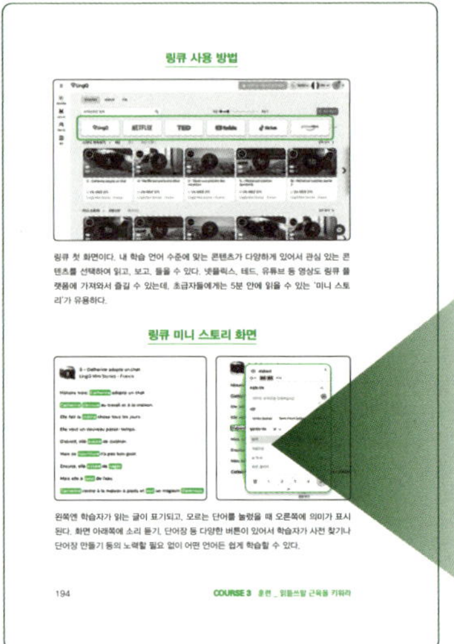

다양한 무료 앱과 OTT, AI 등으로
외국어를 쉽고 재밌게 배워보세요.

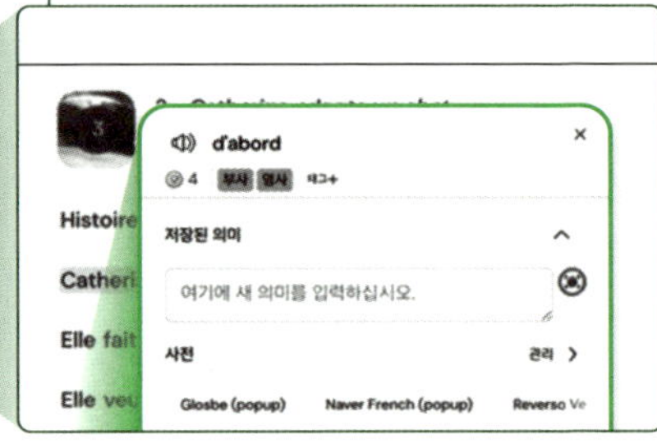

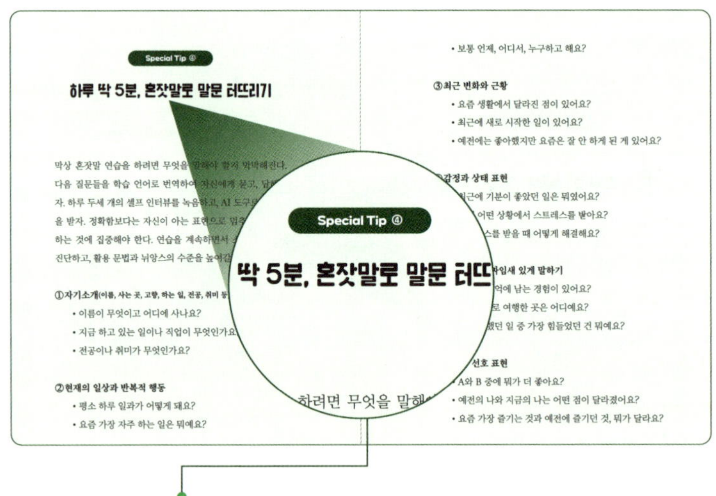

부록으로 제공되는 꿀팁들을 통해 외국어를 반복해서
연습하고 완전 정복하세요.

Xin chào!
Buongiorno
Ola!
你好?
GutenTag
Salut!
こんにちは

언어

공부가 아니라 삶이다

언어는 연결이다

완벽한 문장보다 중요한 건 '말을 거는 용기'

갑작스러운 봄비. 우산 없이 비를 맞던 우리는 숙소 근처의 낡은 카페로 몸을 피했다. 고독한 미식가가 찾을 법한, 뭔가 이야기가 숨어 있을 것 같은 곳이었다. 화려하진 않았지만 정교하게 마감된 듯한 미닫이문은 스르륵 잘 열렸고, 손때 묻은 테이블 위엔 시간이 고스란히 앉아 있었다.

적어도 일흔은 되어 보이는 바리스타 어르신은 우리 말고는 아무도 없는 가게에서 조용하게 분주했다. 3월 차가운 비에 젖은 우리 일행은 자리에 앉아 몸을 녹였다. 나는 카운터로 향했다. 일본 여행 직전, 벼락치기로 외운 여행 회화 몇 문장을 머릿속에서 더듬어냈다.

"홋또 코-히-, 구다사이."
ホットコーヒー、ください。
(따뜻한 커피, 주세요.)

무표정하던 어르신의 얼굴이 살짝 풀렸다. 그리고 조용히 물으신다.

"코-히-, 난바이데스까?"
コーヒー、何杯ですか？
(커피, 몇 잔 드릴까요?)

순간 머릿속이 하얘졌다. 일본어에도 '잔'을 세는 단위가 있다는 건 알았지만, 갑자기 혀끝에서 사라졌다. 두뇌 어딘가 창고에 있을 법한데, 찾을 수 없었다. 확실한 건 '5'가 '고ご(五)'라는 것뿐.

“코-히-… 고…, 오네가이시마스.”

コーヒー… 五…、お願いします。

(커피…다섯…, 주세요.)

그 말이 끝나자 어르신은 조용히 고개를 끄덕이고, 커피를 내리러 돌아섰다. 잠시 후, 주문하지도 않은 도넛을 우리 인원수만큼 가져다주셨다.

“사-비스데스.”

サービスです。

(서비스입니다.)

어르신은 조용히 도넛 쟁반을 내려놓으며 미소를 지었다. 조금 전 무언가 어르신 마음 문을 두드린 것이 틀림없었다.

우리가 누군가의 모국어로 입을 연다는 것은 그 문화와 역사, 정체성을 존중하겠다는 가장 진심 어린 인사다. 부드럽지만 가장 강력한 선언이다. 그래서일까. 어눌한 발음이었지만 그 한 마디가 그날 카페 공기를 바꿨다. 굳었던 얼굴은 풀렸고, 낯선 공간엔 작은 웃음이 피어났다. 우리 다섯은 그렇게 커피, 도넛, 웃음과 이야기로 그 공간을 채웠다. 나중에 알고 보니 그

곳은 오사카에서 100년 넘게 이어져 온 전통 있는 카페였다.

누구나 이런 경험이 있을 것이다. 여행지 어느 시장에서, 식당에서, 지하철 안에서… 현지어로 건넨 짧은 인사 한 마디에 환한 미소가 돌아올 때. 그 순간이 여행 전체 분위기를 바꾼다. 현지어를 쓸 때 우리는 그 세계에 조심스럽게 발을 들이고, 그 문화를 향한 존중을 몸으로 보여준다.

공식 통역이 함께하는 회의 자리에서도 이런 감정은 통한다. "감사합니다" "안녕하세요" 같은 짧은 인사를 그 나라의 말로 하는 것만으로도 딱딱하던 분위기에 숨쉴 틈이 생긴다. 언어는 사람과 사람 사이를 잇는 가장 따뜻한 연결고리다.

무엇보다 이런 순간들이 우리 삶을 풍요롭게 만든다. 우리 마음을 더 넓게 만든다. 낯선 세계 앞에서 우리는 더 이상 두렵지 않다.

그날 마신 커피 맛은 이제 기억나지 않는다. 하지만 "코-히-구다사이" 그 한 마디에 피어오른 어르신의 잔잔한 미소는 여전히 생생하다. 그 한 마디가 비를 멈추고, 마음 문을 열었다. 언어는 말보다 마음을 건넨다. 그래서 짧은 한마디가 문 하나를 연다. 언어는 누군가의 마음을 두드리는 거절할 수 없는 따뜻한 손짓이다.

외국어를 배워야만 알 수 있는 특별한 즐거움

언어는 지적 퍼즐이다. 언뜻 무질서하게 흩어진 단어들이 사실은 제자리를 기다리고 있다. 처음에는 낱말 하나가 의미 없는 기호처럼 보인다. 그러나 그 기호들이 조금씩 서로 연결되기 시작한다. 두세 개의 단어가 만나 작은 뭉치가 되고, 그것이 문장이 되며, 이어서 문장들이 하나의 이야기를 짜낸다. 그 흐름 속에서 암호를 하나씩 풀어가는 기분을 느낀다. 더 나아가, 억양 하나, 조사 하나, 어순의 작은 변화가 만들어내는 미묘한 뉘앙스를 알아차릴 때, 퍼즐의 마지막 조각이 맞춰지는 듯한 짜릿함이 밀려온다.

중국어를 배울 때 그 느낌이 선명했다. 복잡한 시제 변화가 거의 없는 대신, '了(le, 러)'라는 어기조사 하나만 붙이면 어떤 행위를 마쳤음을 표현할 수 있다. "나는 밥을 먹었다"라는 문장에서 단순히 '먹다' 뒤에 '了'를 더했을 뿐인데, 퍼즐이 딱 맞춰지듯 문장이 과거의 생생한 장면으로 바뀌었다. 그 순간 언어는 단순하게 나열된 부호에서 살아 있는 의미의 구조물로 눈앞에 선다. 퍼즐은 완성될 때 가장 아름답다. 언어도 그렇다.

언어는 동시에 음악이다. 각 언어에는 저마다의 고유한 리듬과 음색이 있다. 영어는 마치 드럼과 베이스가 중심을 잡는 록 음악 같다. 강세와 약세가 분명해서 리듬이 발걸음처럼 뚜렷하다. 단어를 나열만 하면 밋밋한 산문이 되지만, 낮고 높은 음을 오가며 강약을 주고 길고 짧게 끊어 읽으면 문장이 갑자기 살아난다. 오선지 위에서 낮은 도와 높은 도 사이에 솔을 두고, 약세·중간·강세가 교차하며 16분 음표와 4분 음표가 어울리듯이, 영어 문장은 리듬을 타는 순간 비로소 음악이 된다.

프랑스어는 잔잔히 흐르는 첼로 선율처럼 부드럽고 유려하다. 스페인어는 기타 줄을 퉁기듯 경쾌하다. 중국어는 네 개 성조가 만들어내는 높고 낮은 파동으로, 한두 옥타브를 오르내리며 노래처럼 흘러간다. 언어를 배운다는 것은, 그 언어의 악보를 익히고 몸으로 연주하는 일이다. 때로는 모차르트의 교향곡 같고, 때로는 즉흥 재즈 같으며, 또 어떤 언어는 단순한 민요처럼 깊은 울림을 준다.

언어는 레고 블록이다. 언어를 거대한 문법의 성으로 바라보면 벽 앞에 선 듯 막막하다. 그러나 레고처럼 생각하면 모든 것이 달라진다. 단어 하나하나가 블록이고, 그것들을 어떻게 조립하느냐에 따라 무궁무진한 조형물이 나온다. 처음에는 단순한 세 블록을 이어 붙이는 것도 서툴다. 이리저리 끼워보다가 부서지기도 한다. 하지만 몇 번 반복하면 손에 익고, 더 복

   COURSE Ⅰ 언어 공부가 아니라 삶이다

잡한 구조도 거뜬해진다.

어떤 언어는 끼우는 순서가 엄격하게 정해져 있고, 어떤 언어는 연결 부위의 형태를 정교하게 맞춰야 한다. 그래서 초반에는 설계도대로 따라 한다. 자주 쓰는 표현, 기본 문형을 외워두고 그것을 조립해 문장을 만든다. 그러나 어느 순간부터는 달라진다. 설계도를 벗어나 내 생각을 내 방식대로 조립해낸다. '내가 언제 이런 문장을 만들 수 있었지?' 스스로 놀라며, 무의식 속에 언어가 뿌리를 내렸음을 깨닫는다. 언어는 그렇게 나만의 구조물로 완성된다. 언어는 우리를 다른 차원으로 데려가는 하나의 놀이이자 창조의 도구다.

무모하지만 가치 있던 이탈리아어 30일 챌린지

외국어 학습은 원래 마라톤과 같다. 하지만 때로는 단거리 질주가 필요한 순간도 있다. 출장, 발표, 여행처럼 제한된 시간 안에 외국어를 익혀야 할 때가 바로 그런 순간이다. 나는 이탈리아 여행을 앞두고 이탈리아어 30일 챌린지에 나섰다. 이 과정은 마치 긴 마라톤 중 맞닥뜨린 스프린트 구간과도 같았다.

모든 것은 친구와의 갑작스러운 로마 여행 계획에서 시작

됐다. 이탈리아어는 전혀 할 수 없었지만, 다행히 스페인어를 어느 정도 구사할 수 있었기에 부담은 적었다. 공부를 시작하기 전날, 나는 약 30분 동안 이탈리아어 윤곽을 살폈다. 단어, 문법, 발음, 억양까지, 스페인어와 닮은 점을 최대한 활용하기로 했다. 단어는 약 80퍼센트가 유사했고, 문법과 문장 구조도 비슷했다. 발음에서는 이중 자음을 강하게 내고, 그 앞 모음을 길게 늘이는 것이 자연스럽게 들리는 핵심 포인트였다. 이러한 특징을 미리 이해한 뒤, 하루 30분씩, 30일간 집중 학습 계획을 세웠다. 목표는 명확했다. 여행 동안 식사, 쇼핑, 교통, 숙소 등 대부분의 상황을 오직 이탈리아어로 해결하는 것.

학습 중심은 네 가지 필수 상황에 대처하는 것이었다. 식당 주문, 쇼핑, 길 묻기, 호텔 관련 표현을 정리했고, 간단한 자기소개와 대화용 질문·답변도 준비했다. 복잡한 동사 활용은 과감히 제외하고, voglio(원하다), posso(할 수 있다) 같은 1·2인칭 조동사 중심으로 반복 연습했다. 문장을 입으로 꺼내기 전에 머릿속으로 먼저 조립하며, 반복 훈련했다. 쓰기는 따로 하지 않고, 혼잣말로 말하기 훈련에 집중했다.

이탈리아어는 음악처럼 다가왔다. 개별 발음보다 리듬과 멜로디가 더 선명하게 느껴졌다. 발음 규칙보다는 문장 단위 억양과 리듬에 집중하며, 여행 표현들을 유튜브로 반복 청

　　　COURSE Ⅰ　언어　공부가 아니라 삶이다

취하고 따라했다. 중요한 표현은 앙키Anki*에 저장해 이동 중에도 틈틈이 복습했다. 길을 걷거나 버스를 기다릴 때, "Sto camminando verso il museo(나는 지금 박물관을 걷고 있다)" 같은 문장을 입 밖으로 내며 스스로 상기했다. 숫자는 1부터 100까지만 익혔다. 음식값과 기념품 대부분이 20유로에서 30유로였기 때문이다.

실전 경험은 기대 이상이었다. 첫 말문은 비행기에서 터졌다. 좌석 옆 승객에게 "Questa è la mia fila, vero?(이 줄 맞죠?)"라고 건넸다. 알면서도 물었다. 이탈리아어 실전 연습 목적이었다. 말문을 여는 용기였다. 상대방은 환하게 웃으며 "Sì, certo!(그럼요!)"라고 답했다. 로마 공항에서 테르미니역까지 가는 버스를 탈 때도, 일부러 이탈리아어로 물었다. "Scusi, dov'è la fermata per il bus a Termini?(저기요, 테르미니역으로 가는 버스 정류장이 어디인가요?)" 직원은 친절히 안내했고, 이탈리아 여행에 대한 자신감이 더해갔다. 체크인 때도 "Buongiorno, ho una prenotazione a nome di ○○○.(안녕하세요, ○○○라는 이름으로 예약했습니다.)"라고 말하자, 직원은 웃으며 방을 업그레이드해

---

* 뇌의 망각 곡선 이론을 활용해 사용자가 잊어버릴 만한 타이밍에 맞춰 반복 학습을 시켜주는 스마트폰 단어장 앱.

주었다. 언어 덕분에 여행 시작부터 작은 행운이 따라왔다.

베네치아에서는 작은 실수조차 대화의 시작이 됐다. 파스타를 만들려고 호스텔 식당 요리사에게 올리브유를 요청하며 'olio(올리오)'라고 해야 할 순간에, 실수로 'occhio(오끼오)' 즉, '눈'이라는 뜻의 단어로 말해버렸지만, 요리사는 잠깐 눈을 땡그랗게 뜨더니 이내 웃으며 올리브유를 건네주었다. 어색함은 웃음으로 풀렸고, 작은 실수는 우리 식탁의 재미있는 추억으로 변했다. 밀라노에서는 혼자 다녔지만, 작은 트라토리아 Trattoria*에서 주문하고, 쇼핑하며, 길을 묻는 모든 순간이 실전 훈련이었다. "Quanto costa?(얼마예요?)" "Quanti sono?(몇 개인가요?)" 같은 짧은 문장으로 충분히 소통할 수 있었고, 커피를 주문하며 나눈 짧은 대화가 여행의 풍경과 온도를 바꿨다.

이탈리아어 30일 챌린지에서 얻은 가장 큰 선물은 사람이었다. 언어로 건넨 한 마디가 사람과 연결되는 순간, 상대방의 시선과 표정이 달라진다. 대화가 이어지며, 배려와 유머가 오갔다. 언어는 무성영화를 3D 영화로 만드는 기적과도 같았다. 하루 30분씩 꾸준히 노력한 덕분에 현지에서 대부분 상황을 직접 해결할 수 있었다. 문법이나 긴 문장을 완벽히 몰라도 괜

---

* 이탈리아에서 가격이 저렴하고 편안한 분위기의 식당을 일컫는 말.

　　　COURSE Ⅰ　언어　공부가 아니라 삶이다

찮았다. 일단 시도하고, 말하고, 실수를 두려워하지 않는 태도가 중요했다.

30일간의 이탈리아어 도전은 짧고 강렬했지만, 언어로 세상과 연결되고 사람과 웃으며 소통할 수 있다는 자신감을 안겨주었다. 언어는 사람과 여행을 풍요롭게 만드는 선물임을 다시 깨닫는 시간이었다. 작은 한 마디에서 시작된 소통이 여행의 경험을 깊게 하고, 새로운 세상을 여는 열쇠가 된다.

지도는 '읽는 것'이 아니라 언어로 '느끼는 것'이다

스페인어를 안다는 건 단순히 단어와 문법을 익히는 일이 아니다. 그것은 어느 날 갑자기, 라틴 아메리카 대륙 전체가 우리 앞에 입체적으로 펼쳐지는 경험이다. 예전의 나는 남미를 콜롬비아의 정열, 멕시코의 리듬, 그런 피상적인 수식어 몇 개로만 알고 있었다.

스페인어를 접하고 난 뒤, 내 머릿속 남미 지도는 전혀 다르게 그려졌다. 남쪽 아르헨티나 부에노스아이레스에서부터 북쪽 쿠바 아바나까지, 동일한 언어로 쭉 이어진 거대한 문화 지대가 눈에 들어온다. '독립된 각자 다른 나라들의 집합'이기도 하지만 동시에 같은 언어로 단단히 묶인 문화 공동체, 생각의 공동체다.

체 게바라는 스페인어와 함께 어느 날 전혀 다른 사람처럼 다가왔다. 1964년 유엔 본회의 체 게바라 연설을 스페인에서 원어로 듣는 순간 번역된 활자가 아닌 그의 목소리, 억양, 리듬, 감정 그 자체와 마주했다. 전에는 역사로만 읽었던 문장들이, 생생한 증언으로 들려온다.

음악에서도 마찬가지였다. 프랑스어 발음을 익히고 다시 들은 '라 비앙 로즈La Vie en Rose'는, 더 이상 예전의 '장밋빛 인생'이 아니었다. 단어 하나하나가 입술을 통과하며, 감정의 층위마다 전혀 다른 빛깔로 울려왔다. 영화 〈화양연화〉로 접한 '끼 짜스 끼 짜스Quizás, quizás, quizás' 역시 달라졌다. 그 노래의 각 음절, 소리의 굴곡, 운율의 여백까지 느껴졌다. 귀로 들었던 그 '소리'가, 이제는 가슴으로 성큼 들어왔다고 표현하면 적당할까.

새로운 언어를 익힌다는 건 그 언어 위에 쌓은 수백 년, 수천 년의 문화와 역사를 접하는 일이다. 그 언어로 된 노래 가사를, 영화 대사를 직접 입에 올려보는 순간, 보이지 않던 것이 보이고, 들리지 않던 것이 들리기 시작한다. 지도 위 점들이 서로 연결되어 선이 되고, 흑백 풍경이 총천연색으로 살아난다.

언어는 장벽이 아니라 섞임이다

프랑스 스트라스부르그로 향하던 20년 전 어느 여름날, 나는 알퐁스 도데가 쓴 《마지막 수업》을 떠올리고 있었다. 프랑스와 독일이 교차로 지배하며 수많은 사연이 있을 법한 알사스 로렌 지방의 대표 도시가 아니던가. 어렴풋한 기억과 기대가 뒤섞여 가슴이 부풀었다.

우리는 독일 만하임에서 자동차로 출발했다. 외국 여행 경험이 거의 없던 당시, 내게 '국경'은 철조망, 검문소, 여권 검사 같은 단어와 동의어였다. 하지만 그날 내가 경험한 국경은 너무나 차분했다.

차창 밖으로 지나가는 이정표 언어가 독일어에서 프랑스어로 바뀌었을 뿐, 벽도 경계도 긴장도 없었다. 여권을 꺼낼 일조차 없었다. 마치 옆 동네로 산책 나가는 기분이었다. 국경이 꼭 장벽이어야 하는 건 아니라는 걸 그날 처음 알았다.

스트라스부르그는 한여름 햇살 아래 반짝이는 도시였다. 독일과 프랑스가 가진 좋은 것들만 모아 만든 듯한 운하와 그림 같은 집들, 구시가지의 고딕 건물들, 거리마다 가득한 꽃들. 하지만 내가 받은 가장 큰 인상은 풍경도, 날씨도, 건축도 아니었다. 그것은 '소리'였다. 언어의 소리.

스트라스부르그의 상점과 카페, 거리에서 들려오는 말소리는 한 가지만이 아니었다. 프랑스어와 독일어가 자연스럽게 섞여 있었다. 어떤 가게 주인은 프랑스어로 인사를 건네고, 고객이 독일어로 답하면 아무렇지 않게 독일어로 이어갔다. 두 언어가 하나의 세계에서 공존했다.

나는 놀랐다. 솔직히 부러웠다. 이 도시 사람들은 태어나면서부터 두 개의 언어를 자연스럽게 익히고 있었다. 언어는 다리였고, 연결이었다. 국경이 사라진 곳에서는 언어가 자연스럽게 섞였고, 섞인 언어는 삶을 더 풍요롭게 만들고 있었다. 이중 언어는 그 동네 모두가 누리는 일상의 호사였다.

스트라스부르그의 기억은 이후로도 오래 마음에 남았다. 그날 이후, 종종 상상하곤 한다. 만약 우리가 '섬 아닌 섬'이 아니라 진짜 반도 국가에서 살고 있었다면 어땠을까? 우리는 국경 너머 친구들과 자연스럽게 어울리고, 중국어나 러시아어를 일상처럼 주고받았을 것이다. 국경 너머 벼룩시장에서 시나브로 다른 언어에 물들어 가면서…….

　　COURSE Ｉ　언어　공부가 아니라 삶이다

내 언어가 넓어질수록
세계가 넓어진다

언어는 관계를 새로 짓는
집이다

언어 하나를 배우는 순간, 내 안에는 새로운 방 하나가 생기고, 그 방에 들어갈 때마다 나는 다른 사람으로 변한다. 언어가 달라지면 목소리의 톤, 웃음소리, 몸짓까지 달라진다. 언어는 우리가 살아가는 집의 구조를 바꿔놓는다.

스페인어는 따뜻한 환대의 집이다. 스페인어는 언제나 내 마음을 환히 밝힌다. 스페인 사람들은 낯선 이를 향해 거리낌 없이 다가와 cariño(자기야, 귀여운 사람아), hijo(아들아), amor(사랑아), guapo(멋쟁이)라고 부른다. 우리말로는 상상하기 어려운 표현인데, 그들은 친구이든 손님이든 심지어 모르는 행인에게도 이런 단어를 아낌없이 건넨다.

프랑스어는 다르다. 첫인상은 차갑다. 프랑스어 자체 온도보다는 이방인의 프랑스어 실력이 어떤지 보자는 듯한 프랑스인들의 인상 때문이리라. 처음에는 그 차가움이 낯설고, 심지어 위압적으로 느껴졌다. 그러나 프랑스어를 배우고, 그들과 대화할수록 그 속에서 은근한 진국의 맛이 드러난다. 프랑스어는 어찌 보면 와인 같다. 처음은 떫고 어렵지만, 시간이 지날수록 깊은 향과 묵직한 울림을 남기는 언어다. 그 집에 들어서면, 나도 모르게 말 한 마디에 신중해지고, 대화의 무게를 느끼게 된다.

일본어는 사람을 다소곳하게 만든다. 일본 사람들은 "스미마셍すみません"을 입에 달고 산다. 이 한 단어에 "미안합니다" "실례합니다" "감사합니다" "양해 바랍니다"라는 수많은 상황과 정서가 녹아 있다. 오사카의 어느 골목에서 길을 헤매다 작은 가게에 들어갔을 때, 주인은 연신 고개를 숙이며 "스미마셍"을 반복했다. 내가 오히려 도움을 받고 있었는데도 그는 끝까지 나에게 미안해 했다. 목소리는 조금 낮아지고, 행동은 조심스러워진다.

　　　　　　　COURSE I　언어　공부가 아니라 삶이다

중국어는 처음 들으면 거칠고 시끄럽게 느껴진다. 억양이 크고, 성조가 오르락내리락하니 마치 싸우는 듯 들리기도 한다. 하지만 막상 그 안으로 들어가면, 그 거친 억양 속에 호탕한 따뜻함이 숨어 있다. 출장지에서 만난 중국인들은 조금 신뢰가 쌓이자 나를 "거거哥哥(형)"라 불렀다. 형제라니, 어색할 법도 한데 그들은 망설이지 않았다. 중국어는 집 안으로 들어가는 순간 외로울 틈이 없게 만들어준다.

이탈리아어는 삶 자체가 언어를 통해 음악처럼 울려 퍼진다. "Amore mio!(나의 사랑!)"라는 말이 골목마다, 광장마다 울려 퍼진다. 이 언어를 쓰고 있으면, 내 안에서 숨겨둔 용기가 살아난다. 평소라면 하지 못할 고백도 이탈리아어로는 할 수 있을 것만 같다. 로마의 한 광장에서 아이스크림을 들고 있던 여성이 밝게 웃으며 "Ciao!(안녕!)"라고 외친 순간, 나는 마치 영화의 한 장면 속에 들어간 듯했다. 그들의 언어 속에는 삶을 향한 뜨거움과 유쾌함이 가득했다. 흔히 프랑스어를 '사랑의 언어'라 하지만, 나에게는 이탈리아어가 진짜 사랑의 언어다. 그 집에 들어가면, 세상이 조금 더 용감해지고, 사랑을 고백할 수 있을 것만 같다.

언어는 이렇게 나를 바꾼다. 한국어로 말할 때 나는 차분하고 신중하다. 영어를 쓸 때는 조금 더 외향적이고, 자기표현을 주저하지 않는다. 스페인어로는 한없이 따뜻해지고, 프랑스어로는 진지해지며, 일본어로는 겸손해진다. 중국어는 내게 호탕함을, 이탈리아어는 용기를 준다.

언어를 배우는 것은 새로운 집을 짓는 일이다. 그 집에 들어설 때마다 나는 전혀 다른 모습이 된다. 언어 하나가 세상 하나이고, 언어 하나가 새로운 나다.

언어는 거리를 설계한다

새로운 언어를 배우면 이전까지는 너무 익숙해서 오히려 보이지 않던 우리 한국어에 대해 더 잘 알게 된다. 우리말이라는 낯익은 세계를 낯설게 바라보게 만든다. 한국어는 관계 중심적이고, 감각적이며, 맥락에 민감한 언어라는 사실을 새삼 깨닫게 된다.

한국어에는 'you'가 없다. 대부분의 외국어에는 영어의 'you'처럼 관계를 가로지르는 중립적인 2인칭 표현이 있다. 그러나 한국어엔 이에 완전히 대응하는 단어가 없다. '당신'이 있긴 하지만, 일상에서는 거의 쓰이지 않거나 때로는 낯설고 무례하게까지 받아들여진다. 그래서 우리는 누군가를 처음 만났을

   COURSE ｜ 언어 공부가 아니라 삶이다

때 늘 묻는다. "연세가 어떻게 되세요?" "무슨 일 하세요?" 관계를 규정해야만, 비로소 그 사람을 지칭할 수 있기 때문이다.

이 때문에 한국어에서는 '너'라는 표현조차도 손아래나 동년배에게만 허용된다. 대신 '형' '언니' '선배님' '○○ 씨'처럼 관계적 위치를 반영한 다양한 호칭이 등장한다. 15세 소년이 처음 만난 70세 어르신을 아무 고민 없이 'you'라고 부르며 말을 거는 영국 드라마 어느 장면과 호칭을 고민하며 '어르신' '선생님' '아저씨' '할아버지' 등 수많은 표현 사이에서 망설이는 한국 드라마 장면을 상상해 보자. 그러다가 "저기요" 같은 회피적 대체어까지 생기게 된다. 관계를 고민하지 않고는 말을 시작하기 어렵다. 한국어에서는 말이 곧 관계다.

언어는 거리를 설계한다. 일본어의 경어를 뜻하는 '케이고 けいご'와 한국어의 '존댓말'은 얼핏 비슷해 보이지만, 규칙성과 감정의 결에서 차이를 보인다. 일본어는 사회적 규범에 따라 정해진 표현을 비교적 명확히 사용하는 반면, 한국어 존댓말은 관계 맥락에 따라 유연하게 조정한다.

한국어에는 높임말과 반말 사이에 수많은 회색지대가 존재한다. 이를 조율하는 감각은 나이, 지위, 친밀감, 거리감, 권력관계 등을 감지하며 정해진다. 직장에서 상사에게 살짝 낮춘 표현을 섞어 쓰는 일, 선후배 사이에서 존댓말과 반말을 오가며 관계의 온도를 조정하는 일. 모두가 무의식 중에 수행하는 이 언어적 미세 조율은 사회적 기술이자 감정의 섬세한 설계다.

이러한 감각은 외국어를 배우며 더욱 분명하게 인식된다. 영어 'you'는 관계에 따른 거리감 없이 누구에게나 동일하게 쓰인다. 우리와 같은 유교 문화권 언어인 중국어도 2인칭 '你(니)'는 영어와 거의 흡사하다. 나이가 많거나 지위가 높은 사람에게 '您(닌)'을 써서 예의를 표시하지만 다소 나이차가 있는 관계여도 서로 편한 사이가 되면 대부분 '你(니)'로 호칭한다. 그러나 한국어에서 '너'는 한없이 제한적이다. 이 단어 하나에 담긴 거리의 감각은 언어가 관계의 지도를 그리는 방식과 닿아 있다.

동사 활용 역시 단순히 시제나 사실 전달을 위한 변화가 아니라 관계의 미묘한 뉘앙스를 표현하는 수단이 된다. 다음 몇 가지 예만 보아도 단순한 동사 변화에 얼마나 많은 관계의 온도를 녹여낼 수 있는지 알 수 있다.

가자. (기본적인 함께 가자는 표현)

갑시다. (공손하고 형식적인 표현)

가고 싶은데. (망설임이나 다른 고려 사항의 내포)

가볼까? (가볍게 제안하거나 자신의 의향을 묻는 표현)

가려고. (의도 표현)

가려는데. (아직 결정되지 않은 상태나 상황 파악)

갈래? (친근하게 의향을 묻는 표현)

가실래요? (공손하게 의향을 묻는 표현)

갈까요? (조심스레 동의를 구하는 표현)

눈치가 발달한 건 이런 언어 특성 덕분인지도 모른다. 관계에 예민한 언어는 우리를 섬세하게 만든다. 그러나 동시에 관계가 먼저인 한국어는 대화를 어렵게 만들기도 한다. 이렇듯 한국어는 단순히 정보를 전달하는 언어가 아니라, 감정과 관계를 함께 전달하는 언어다.

내 언어의 한계가 내 세계의 한계다

"내 언어의 한계가 내 세계의 한계다." 언어학자 루트비히 비트겐슈타인의 이 말은 언어와 인식, 세계의 경계를 꿰뚫는 통찰이다. 우리는 언어로 표현할 수 있는 것만을 인식할 수 있다. 다시 말해, 언어는 세계를 확장하는 도구이자, 우리의 사고를 규정하는 틀이다.

각 언어에는 다른 언어로 번역되지 않는 단어가 있다. 그 단어는 그 문화가 세상을 바라보는 방식, 감정의 틀, 삶의 리듬을 담고 있기 때문이다. 예컨대, 우리말의 '정情'은 그 어떤 언어로도 번역하기 어렵다. 정은 계산하지 않고 넉넉하게 베푸는 마음, 세월이 쌓이면서 한없이 깊어지는 관계 등 많은 의미들을 포함한다. 한국인만이 가진 독특한 정서이자 문화다.

스페인어의 '소브레메사sobremesa'는 식사 후 식탁에서 이어지는 대화의 시간이다. 커피 한 잔, 농담 몇 마디로 이어지는 여운의 시간은 단순히 '수다'가 아니다. 그것은 관계를 이어주는 중요한 문화적 장치다. 삶이 언제나 우선이라는 그들의 가치관을 보여준다.

광범위하게 쓰이지는 않지만 이탈리아어 표현 중 '돌체 파르 니엔트dolce far niente'는 '아무것도 하지 않는 달콤함'을 뜻한다. 우리는 흔히 아무것도 하지 않으면 게으르다고 느끼지만, 이탈리아에서는 그 시간의 풍요로움을 누릴 줄 아는 이가 삶을 제대로 아는 사람으로 여겨진다. 오페라, 수많은 명품 패션 브랜드와 자동차 디자인, 말로 표현할 수 없는 그들의 고고한 유적은 역설적으로 '아무것도 하지 않는 달콤함'에서 비롯

　COURSE Ⅰ　언어 공부가 아니라 삶이다

된 것은 아닐까?

가장 프랑스적인 단어로 '플라네flâner'가 많이 언급된다. '목적 없이 배회하기' 정도로 번역할 수 있지만 이에 상응하는 우리말이나 영어, 다른 외국어 표현이 없다고 한다. 플라네가 도시를 걷고, 삶을 관조하며, 예술적 영감을 얻는 행위이자, 여유와 자기 성찰의 태도를 모두 담고 있기 때문이다. 이 단어 하나로 프랑스인들이 도시와 인간에 대해 가진 태도가 드러난다.

일본어 '코모레비木漏れ日'는 '나뭇잎 사이로 비치는 햇살'을 지칭한다. 많은 사람이 그런 찰나의 아름다움을 느낀 경험이 있지만, 이 순간을 정확하게 이름 붙인 언어는 일본어뿐이다. 이 순간을 명명하는 단어가 생기는 순간, 그 감각은 구체적인 경험이 된다. 내 인식의 세계에 코모레비가 들어와 실체가 되고, 내 일상에서 그 순간을 포착하고 만끽하게 만든다. 김춘수 시인이 쓴 시처럼 우리가 이름을 불러주기 전에는 하나의 몸짓에 지나지 않다가 이름을 불러주었을 때 비로소 꽃이 된다. 살아 있는 존재가 된다.

이렇듯 새로운 언어를 배우는 일은, 이전에는 보이지 않던 세계를 내 삶 안으로 들이는 일이다. 내가 구사하는 언어의 수만큼 내 세계는 넓어진다.

우리가 언어 자산을
쌓아야 하는 이유

대한민국은 이제 자타공인 세계 문화 강국이다. K-팝 팬들은 뉴욕과 파리, 도쿄 거리에서 춤과 노래를 따라 부른다. 한국 영화는 아카데미 무대에 오르며 세계 관객을 사로잡는다. 한국 음식 열풍을 넘어 이제 한국어를 배우는 외국인 숫자가 해마다 기록을 갱신한다. 〈2025 듀오링고 언어 보고서〉에 따르면 한국어는 세계에서 여섯 번째로 많이 배우는 언어다. 그럼에도 불구하고 우리는 외국어 앞에서는 여전히 마음 한편이 초

라해진다.

그 이유는 우리의 외국어 학습 역사 속에 있다. 오랫동안 시험과 점수, 암기 중심의 교육이 언어관을 지배했다. 초등학교에서 고등학교까지 '정답'과 '문법' 중심으로 배운 언어는 말과 소리를 즐기는 경험과는 거리가 멀었다.

사실 조선 말기 영어 교육은 훨씬 실용적이었다. 19세기 중반까지 조선에는 영어 구사자가 거의 없었지만, 미국과 제물포 조약 체결을 계기로 영어의 필요성이 급격히 커졌다. 고종은 왕립 육영공원을 세워 원어민 교사를 초빙하고, 전 과목을 영어로 가르쳤다. 당시 보고에 따르면, 학생들은 열 달 만에 약 3,000단어를 익힐 정도로 집중적이고 실용적인 교육을 받았다. 받아쓰기와 회화 연습이 많았던 덕분에, 초창기 학생들은 짧은 회화와 편지 작성, 통역에 능숙했다. 일부는 1년 남짓 공부한 뒤 주미 공사관에서 외교 문서를 영어로 작성할 정도로 성장하기도 했다.

그러나 일제강점기에는 상황이 급변했다. 일본은 조선인을 위한 회화 중심 영어 교육을 억제하였고, 일본인 교사를 배치해 발음과 실용성을 약화시켰다. 영어는 점차 시험 과목으로 축소되었고, 문법·번역 중심 교육이 자리 잡았다. 학생들은 발음이 어눌한 일본인 교사를 교체해 달라는 시위를 벌이기

　　COURSE ⅰ 　언어　공부가 아니라 삶이다

도 했다. 그 결과, 20세기 초 언어 교육 방식이 오늘날 한국인의 외국어 학습 태도에도 여전히 영향을 끼치고 있다. 우리는 여전히 외국어를 '두껍고 어려운 문법책'과 '근엄하게 앉아 공부해야 하는 과목'으로 인식하고, 외국어를 접할 때 부담을 느낀다.

반면 유럽인들은 두세 개 이상 외국어를 자연스럽게 구사하는 경우가 흔하다. 어린 시절부터 다양한 언어가 들려오는 환경 속에서 성장했기 때문에, 언어를 단순히 배우는 것을 넘어 삶 속에서 체득한다. 여러 언어를 자유롭게 넘나드는 경험은 단순한 의사소통을 넘어, 세계를 바라보는 눈을 다층적으로 확장한다.

한국인들은 지리적·역사적·교육적 제약 때문에 이런 다국어 경험이 상대적으로 제한적이었다. 하지만 지금은 상황이 달라졌다. 인터넷과 글로벌 미디어, 해외여행, AI 등 외국어를 배우고 체험할 기회가 폭발적으로 늘었다. 이제 우리는 외국어를 시험 과목이 아니라 즐거운 취미이자 지적 탐험 과정으로 접하게 되었다. 무엇보다 외국어는 새로운 세상을 경험할 강력한 수단이다. 다양한 외국어를 자유롭게 다루면서 다른 사고와 문화를 이해하고, 새로운 사람과 세상과 연결되는 순간 외국어는 단순한 소통 기술을 넘어 삶을 풍요롭게 만드는 창이 된다.

　새로운 언어를 배우는 과정은 새로운 운동을 시작하는 것과 같다. 처음에는 서툴지만, 매일 조금씩 익히면 어느새 익숙해진다. 하루 10분, 출근길 버스에서 스마트폰의 무료 앱으로 외국어를 듣고 따라 말해보고, 저녁 식사 후 짧은 문장을 만들어보자. 주말에는 해외여행을 상상하며 혼자 짧은 회화를 시도해 보는 것도 좋다. 러닝을 하듯, 요가를 하듯, 자전거를 타듯, 언어는 생활 속 습관으로 자연스럽게 스며들 수 있다.

　언어는 새로운 사람을 만나고, 다른 문화를 이해하며, 스스로를 새로운 시선으로 바라보는 경험이다. 언어를 배우는 사람은 내 안의 세계를 확장하고 세계와 연결되는 창을 연다. 이제 즐기면서 조금씩 습득하고, 여행을 준비하며 익히고, 2년에서 3년에 한 번씩 새로운 언어에 도전하면서 삶을 더욱 풍부하게 만들어보자.

유학보다 강력한 내 손 안의 언어 도구

　외국어 학습 역사에서 지금은 분명 혁명적 전환점이다. 더 이상 비싼 비행기표도, 긴 체류도 필요 없다. 세계 언어가 우리

손 안, 눈앞 화면으로 밀려 들어온다.

단 20년 전만 해도 이야기는 달랐다. 외국어 환경에 노출되려면 어학연수, 유학, 해외 근무가 사실상 유일한 선택지였다. 압도적 몰입을 독학으로 흉내 내는 건 불가능에 가까웠다.

하지만 지금은 상황이 완전히 바뀌었다. 마음만 먹으면 집 안에서도 24시간 학습 언어에 잠길 수 있다. 프랑스어를 배우고 싶다고 해보자. 아침에는 현지 뉴스를 유튜브로 보고, 저녁에는 평범한 프랑스인 직장인의 브이로그에서 살아 있는 억양을 듣는다. 음식이 궁금하면 현지인들이 운영하는 팟캐스트와 유튜브의 외국 요리 채널이 곧 교재가 된다.

'헬로톡Hello Talk'이나 '탄뎀Tandem' 같은 언어 교환 앱을 통해 원어민과 채팅하며 표현을 시험해 보고, 그들이 실제로 어떻게 소리를 내고 어떤 억양을 쓰는지 직접 느낀다. 사진 한 장과 해당 언어로 쓴 짧은 문장을 올리면, 세계 각국 원어민들이 우리가 쓴 서툰 문장을 무료로 첨삭해 준다. 어설프고 짧은 글에 원어민들이 친절하게 댓글을 달아주는 경험은 작지만 놀라운 변화를 만든다.

챗지피티 같은 AI는 친절한 언어 가정교사가 되어준다. 프랑스어로 쓴 일기를 프롬프트로 입력하면 문법도 교정해 주고, 원어민 친구처럼 함께 대화도 가능하다. 불평도 투덜거림도 없이 기꺼이 도와준다.

학습 콘텐츠도 원하는 스타일로, 원하는 깊이로, 원하는 만큼 고를 수 있다. 역사를 좋아하면 세계 각국 역사를 현지어로 접한다. 축구를 좋아하면 축구 해설로 배운다. 드라마, 브이로그, 팟캐스트, 웹툰, 심지어 틱톡까지 각자 취향에 맞는 언어 학습 환경은 무한히 열려 있다.

이 모든 게 대부분 무료이거나, 커피 한 잔 값 수준이다. 과거엔 수십만 원을 주고 들어야 했던 유명 강의도 유튜브에서 공짜로 볼 수 있다. 원어민이 기초 알파벳부터 중급, 고급 수준까지 전 과정을 제공하는 무료 강의도 적지 않다. '내가 얼마나 원하느냐'에 따라 학습 자료는 무제한 구할 수 있다.

물론 여전히 현지 체류는 외국어 실력을 높이는 강력한 방법이다. 특히 목표 언어 사용을 피할 수 없게 만드는 강제성이 주는 몰입 효과는 특별하다. 그렇다고 해외 체류가 언어 능력을 자동적으로 보장해 주지 않는다. 미국에서 수십 년을 거주한 교포 중에도 생활 회화 이상으로 더 나아가지 못하는 경우는 생각보다 많다. 왜일까? 현지 체류가 원어민과 '지속적인 관계 형성'을 보장해 주지 않기 때문이다.

학교나 직장처럼 강제된 환경이 아니라면, 일상 속에서 언어에 깊게 몰입하기는 쉽지 않다. 많은 경우, 슈퍼마켓이나 카페에서 할 수 있는 짧은 생활 표현에 그친다. 게다가 이런 대화는 정해진 표현의 반복이다. "이거 얼마예요?" "따뜻한 걸로 두 잔 주세요." 몇 마디 익숙해지면, 더 이상 새로움이 없다. 성장도 없다. 유창함은 갈수록 멀어진다.

무엇보다 의도적인 노출과 꾸준한 연습이 핵심이다. 스스로를 다양한 언어 환경에 던져 넣고, 새로운 표현을 시도하고, 실패하고, 다시 시도하는 것. 그때 비로소 언어는 조금씩 내 것이 되어간다.

두뇌 저속노화를 위한 최고의 비결

우리는 평균수명이 점점 늘어나는 시대에 살고 있다. 한국인 평균 기대수명은 80세를 훌쩍 넘어섰고, 100세 시대도 머지않았다. 하지만 평균수명이 늘어난다고 해서 삶의 질이 자동으로 보장되지 않는다. 의외로 많은 은퇴자들이 적절한 여가 활동이 부족해 무료함 속에서 하루를 보내고 있다. 이 시점에서 중요한 것은 육체적 건강은 물론 정신적 건강과 두뇌 활동을 활발히 유지하는 일이다.

언어 학습은 이 두 가지를 동시에 충족시켜준다. 외국어를 배울 때 단어와 문법 등 새로운 정보를 접하면서 두뇌 다양한 영역이 자극된다. 다수의 연구에 따르면 외국어를 배우는 사람은 기억력, 주의 집중력, 문제 해결 능력에서 더 나은 성과를 보인다고 한다. 새로운 언어를 접하고 익히는 과정에서 뇌는 끊임없이 활동하고 세포 연결이 활성화된다. 이런 효과는 최근 대규모 연구에서도 뒷받침된다.

〈네이처〉에 발표된 연구에 따르면 일상에서 두 개 이상의 언어를 사용하는 사람은 한 가지 언어만 사용하는 사람보다 생물학적 노화가 더 천천히 진행되는 경향이 있었다. 유럽 27개국 8만 6,000여 명을 분석한 결과, 다언어 사용자는 노화가 빠르게 진행될 위험이 최대 절반가량 낮았다. 이러한 차이는 나이·교육 수준·사회적 환경을 반영해도 유의미하게 유지됐다. 즉, 언어를 배우고 서로 다른 언어를 번갈아 사용하며 사고하는 습관 자체가 두뇌를 '꾸준히 쓰게 만드는' 생활 속 훈련이 될 수 있다는 뜻이다.

삶에서 언어는 지적 유희이자, 삶을 풍요롭게 하는 도구가 된다. 해외여행을 계획하며 현지 언어를 조금씩 익히는 과정은 여행 즐거움을 배가시키는 동시에 뇌를 자극한다. 하루 20분에서 30분씩 반복하는 간단한 루틴만으로도 장기적 효과는 충분하다. 완벽하게 말하지 않아도 매일 조금씩 반복하면 어느 순간 내 입과 귀가 자연스럽게 언어를 기억한다.

나아가 2년에서 3년에 한 번씩 새로운 언어에 도전하는 것은 삶에 활력을 준다. 독일어, 이탈리아어, 일본어처럼 서로 다른 계열의 언어를 배우면서 다양한 사고 방식과 표현을 접하면 뇌의 유연성이 높아지고 창의적 사고가 자극된다. 외국어는 단순한 말하기 능력 향상을 넘어 정신적 건강과 사회적 연결망을 확장하는 도구다. 외국어 모임, 온라인 커뮤니티, 여행 중 현지인과 대화는 새로운 관계를 만들어주고, 정서적 활력과 성취감을 선사한다.

지인 중에 60대 프랑스인 스테파니가 있다. 스테파니는 매년 스페인, 독일, 이탈리아에 각각 한 달 정도 체류하며, 현지 어학원에서 오전에는 언어를 공부하고 오후와 주말에는 여행을 한다. 호화로운 여행이 아니라, 20대 학생들이 용돈을 아껴 배낭여행을 하듯 스스로 계획하고 체험하는 언어 여행이다. 이를 통해 스테파니는 각 언어 실력을 지속적으로 높이고, 다양한 친구들을 만나며 새로운 세상을 경험한다. 그에게 언어는 삶의 활력과 인간관계를 동시에 가져다주는 지적 모험이자 생활 방식이다.

한국에도 비슷한 사례가 있다. 서울대 의대 김원곤 명예교수는 50대에 일본어를 시작으로 16년간 일어, 중국어, 스페인어, 프랑스어를 공부했다. 66세에는 페루, 프랑스, 일본, 대만 등지에서 어학연수를 통해 네 개 국어를 집중적으로 공부했다. 은퇴 후에도 매일 아침 약 두 시간을 투자하여 이 네 개 국어를 유지하고 있다. 그의 경험은 나이와 상관없이 꾸준히 학습하고 도전하면 누구나 새로운 언어를 통해 자신을 확장할 수 있음을 입증한다.

매일 조금씩 언어를 배우고, 때때로 새로운 언어에 도전하는 것. 삶의 활력을 유지하는 가장 즐거운 방법이다.

번역기를 끄는 순간, 진짜 세상이 열린다

AI 기술의 발전은 언어 학습의 풍경을 완전히 바꿔 놓았다. 거리에서, 지하철에서, 카페에서 사람들은 휴대폰을 들여다보며 외국어 번역 앱을 켠다. 메뉴판을 찍으면 즉시 한국어로 번역되고, 이메일이나 메시지도 순식간에 이해된다. 언어 장벽은 분명 낮아졌다. 그러나 그 편리함은 모든 사람에게 같은 기회를 주지 않는다.

AI를 적극적으로 활용하는 사람들은 AI를 학습 도구로 삼아 외국어 실력을 기하급수적으로 향상시킨다. 챗지피티, 제미

나이 등과 같은 AI 개인 교사와 함께라면, 발음, 억양, 문법, 표현까지 실시간으로 점검받으며 공부할 수 있다.

반대로, AI 통역에만 의존하고 직접 말하기를 멀리하는 사람들과의 언어 격차는 점점 커진다. 내비게이션이 아무리 똑똑해져도, 길 감각을 전부 맡겨버리면 스스로 길을 찾는 능력은 무뎌진다.

무엇보다 외국인에게 직접 말을 건네고, 상대방 눈빛과 표정에서 공감을 확인하는 마법 같은 경험은 어떤 기계도 대신할 수 없다. AI가 통역해 주는 편리함은 있지만, 그 순간 생생한 체험과 감정, 관계의 깊이는 오직 스스로 문을 열 때만 얻을 수 있다.

AI 시대의 언어 학습은 선택의 문제다. 기술을 적극적으로 활용해 능력을 극대화할 것인가, 아니면 편리함에 안주하며 직접 말할 기회를 포기할 것인가. 선택에 따라 외국어 격차는 점점 커지고, 경험과 관계, 새로운 세상과의 연결까지 달라진다. 마법 같은 순간은 오직 우리가 직접 문을 열 때만 경험할 수 있다.

Xin chào!
Buongiorno
Ola!
你好?
Guten Tag
Salut!
こんにちは

시스템

뇌과학으로 루틴을 설계하라

외국어가 만만해지는 언어의 뇌과학

외국어를 열심히 공부했는데도 막상 말이 잘 나오지 않는 이유는 무엇일까. 가장 큰 원인 중 하나는 공부 자체의 한계다. 공부를 통해 쌓이는 것은 주로 '설명할 수 있는 지식'이다. 문법 규칙을 말로 설명하고, 단어 뜻을 한국어로 옮길 수 있다. 하지만 언어를 실제로 사용한다는 것은 다르다. 상대의 말에 반응하면서 단어와 문법을 자연스럽게 조합하고, 그것을 소리로 구현하는 일이다. 이 과정에는 의식적인 사고뿐 아니라, 생각하지 않아도 자동으로 반응하는 무의식 영역까지 포함된다.

언어는 축적되는 지식이 아니라 작동하는 능력이다. 이 점에서 언어는 학문이라기보다 기술에 가깝다. 그런데도 우리는 외국어 학습을 오랫동안 '어학語學'이라 불러왔다. 어학연수, 어학원, 어학자격증. 이 표현들은 외국어를 지나치게 공부 중심으로 바라봐온 관성을 보여준다. 이제는 다른 틀이 필요하다.

언어학자 로버트 디카이저 Robert DeKeyser 는 언어 유창성이 세 단계를 거쳐 발전한다고 설명한다.

> 1. **선언적 단계:** 규칙과 의미를 이해하는 단계.
> 2. **절차적 단계:** 이해한 내용을 실제로 사용하며 익숙해지는 단계.
> 3. **자동화 단계:** 생각하지 않아도 바로 말이 나오는 단계.

이해만으로는 말이 바로 나오지 않는다. 머릿속에서 문장을 조합하느라 속도가 늦어진다. 반대로 읽기·듣기만 늘리면 알아듣는 양은 늘어도 말로는 잘 연결되지 않는다. 같은 표현을 여러 번 입으로 말해봐야 비로소 더 빠르고 자연스럽게 나온다.

  COURSE II 시스템 뇌과학으로 루틴을 설계하라

결국 외국어 학습은 공부study-습득aquire-훈련drill이라는 세 축으로 이루어진다. 공부는 언어를 이해하게 만들고, 습득은 그 언어에 익숙해지게 하며, 훈련은 표현을 자동으로 사용할 수 있게 만든다. 이 세 가지는 어느 하나로 대체될 수 없고, 따로 떼어놓아도 완성되지 않는다. 세 축이 함께 순환할 때, 언어는 비로소 설명 가능한 지식에서 실제로 쓸 수 있는 기술로 바뀐다.

이제 각각의 축이 무엇을 의미하는지, 어떻게 조합해야 말하기 유창성으로 이어지는지 살펴본다.

**언어 유창성의
삼각 엔진**

①공부

공부는 언어의 틀과 규칙을 이해하는 단계다. 문장 구성 방식과 어순, 과거와 현재, 미래 시제를 만드는 방법, 추상적 어휘의 이해, 발음의 방법과 특성 등 이해를 통해 정확성의 기반을 다진다.

한국인들은 공부가 무엇인지도, 공부만 했을 때의 한계도 이미 경험적으로 알고 있다. 피아노를 생각해 보자. 박자, 리듬,

멜로디, 장조와 단조를 다 알고 이해하여 음악 시험에서 100점을 맞아도 실제 피아노를 능숙하게 연주하는 것과는 다르다.

공부는 필요하지만, 공부만으로는 언어가 작동하지 않는다. 공부는 설명할 수 있는 지식을 만들 뿐 아직 사용 가능한 기술로는 만들지 못한다.

②습득

습득은 언어를 실제 상황에서, 생생한 장면과 소리 속에서, 반복적으로 접하며 원어민들이 언제, 어떤 표현을 쓰는지 알고 자연스럽게 익숙해지는 과정이다. 영화, 오디오북 등에서 실제 말소리를 많이 들으면 규칙을 떠올리지 않아도 '이 상황에서는 이렇게 말하네'라는 익숙함이 생긴다. 이때 상황과 표현이 자동으로 연결되는 능력이 쌓인다.

원어민이 외국인들의 초보 회화를 듣고 '그 표현은 좀 어색해'라고 바로 느끼는 것도, 어릴 때부터 엄청난 양의 노출을 통해 자연스러운 표현들이 이미 귀에 익어 있기 때문이다.

③훈련

훈련은 익숙해진 표현을 생각 없이도 바로 말할 수 있도록 만드는 반복의 단계다. 피아노에서 손가락이 자동으로 움직이게 하려고 같은 마디를 여러 번 연습하듯, 언어도 반복해 말해 보아야 입과 혀의 움직임이 몸에 새겨진다.

자주 쓰는 표현을 반복해서 소리 내어 말하고, 어려운 발음이나 입에 걸리는 구조를 꾸준히 연습하다 보면 문장은 더 이상 '머릿속에서 조립하는 것'이 아니라 상황에 반응해 자연스럽게 튀어나오는 기술이 된다. 이 단계에서 언어는 수동적 지식에서 실제 '쓸 수 있는 능력'으로 전환된다.

공부 - 습득 - 훈련의 순환과 연결

공부-습득-훈련의 관계는 직선이 아닌 순환 구조다. 공부로 틀을 잡고, 습득으로 익숙해지고, 훈련으로 언어를 자동 사용할 수 있게 하고, 다시 공부로 돌아가 더 정교하게 다듬는다. 이 순환이 반복될수록 언어는 머릿속 지식에서 벗어나 실제 대화 속에서 즉시 꺼내 쓰는 능력으로 자란다.

예를 들어, 10분 공부로 개념을 이해하고, 15분 습득으로 그 표현이 실제 상황에서 어떻게 쓰이는지 익히고, 10분 훈련으로 표현과 발음을 자동으로 만든다. 이런 식의 작은 흐름을 반복하는 방식이 가장 효율적이다.

언어 유창성의 삼각 엔진

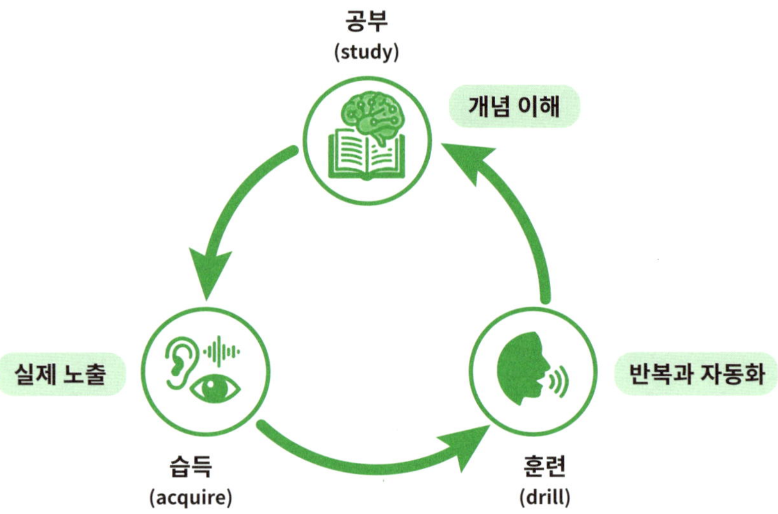

학습 단계에 따라 각 요소의 비중은 달라질 수 있다. 초급자는 기본 규칙과 발음을 이해하고 반복해야 하므로 공부와 훈련의 비중이 자연스럽게 커지고, 중급자 이후에는 이미 알고 있는 언어 규칙을 실제 상황 속에서 자주 만나야 하므로 습득의 비중이 커진다. 그러나 어떤 단계에서도 세 축 모두가 필요하다는 점은 변하지 않는다. 물론, 학습 단계뿐 아니라 학습자 성향에 따라 이 세 축의 비중은 달라질 수 있다.

같은 교재라도 관점에 따라 세 축의 구성은 달라진다. 문법 설명을 읽는 순간은 공부이고, 예문을 오디오로 들으며 억양과 사용 맥락을 익히는 것은 습득이며, 제한 시간 안에 직접 말해보고, 안 되는 발음을 반복하여 익숙하게 만드는 과정은 훈련이다. 학습 도구나 콘텐츠 자체보다 그것을 어떤 역할로 사용하느냐가 더 중요하다.

원서·뉴스·영상 콘텐츠는 강력한 습득 도구가 되고, 회화 앱이나 말하기 훈련 프로그램은 훈련의 효율을 높인다. 같은 자료라도 공부로 쓰면 지식이 되고, 습득으로 쓰면 익숙함이 생기며, 훈련으로 쓰면 자동 사용 능력이 만들어진다.

언어 유창성의 세 축이 무너질 때

공부, 습득, 훈련 세 축 중 일부에만 치우치면 문제가 생긴다.

①공부에 치우친 학습자

이들은 문법과 단어의 의미 등은 누구보다 잘 알고 시험 점수도 높다. 하지만 실전 대화 앞에서는 금세 움츠러든다. 입이 잘 떨어지지 않는다. 왜냐하면 언어 이해 단계에서 사용 단계로 넘어가는 연결고리가 없기 때문이다.

지금은 상황이 많이 달라졌지만 한때 널리 퍼졌던 우스개

소리가 있다. 미국 대학 교수들이 한국 유학생을 보고 세 번 놀란다는 이야기다. 첫째, 토플 점수가 압도적으로 높다는 데 놀라고, 둘째, 말하기 실력이 의외로 약하다는 데 놀라며, 셋째, 학위를 마치고 졸업할 때까지도 언어 구사력이 크게 향상되지 않는다는 점에 놀란다고 한다. 공부만으로는 유창한 언어 구사가 쉽지 않다.

②훈련에 치우친 학습자

반복 연습을 통해 말하기 속도가 빠르고 자신감도 생긴다. 하지만 훈련은 준비된 패턴 안에서만 잘 작동한다. 상황이 조금만 달라져도 말이 막히고, 어떤 표현을 써야 할지 헤맨다.

훈련만으로 자연스러운 언어를 만들려면 거의 모든 문장과 상황을 포괄하는 방대한 반복이 필요하지만 이것은 현실적으로 불가능하다. 훈련은 효과가 크지만, 습득을 통한 자연스러운 노출이 없으면 준비된 대본 이외에 상황에서는 자연스러운 대화가 어렵다. 무엇보다 무의식의 영역을 활성화해 응용력을 기르고 실력을 자연스럽게 끌어올리려는 우리의 궁극적인 목표에 다가가기 어렵다.

③습득에 치우친 학습자

습득형 학습자는 정반대다. 노출과 경험에 집중하며 책·영화·드라마 속에서 감각을 키운다. 접근 자체는 이상적이지만 속도가 붙기 쉽지 않다. 언어학자 스티븐 크라센Stephen Krashen은 "언어는 오직 '이해 가능한 입력comprehensible input'을 통해서만 습득된다"라고 주장했지만, 대다수 성인 학습자에게는 비현실적이다. 직장과 학업으로 시간이 빠듯해 '압도적 분량의 입력'을 확보하기가 어렵다. 예컨대 프랑스어의 être 동사 불규칙 변화는 문법 설명 한 번으로 금세 이해할 수 있지만, 이를 원서나 영화·드라마만으로 스스로 깨닫기에는 너무 많은 시간이 든다.

공부만 하면 지식만 늘어나고, 훈련만 하면 훈련의 범위를 넘어서 성장하기 힘들고, 습득만 하면 감각은 서서히 생기지만 속도가 붙지 않는다.

결국은 자동화다

초급자는 외국어로 문장을 만들 때 모든 단계를 의식한다. 단어를 고르고, 규칙을 떠올리고, 발음을 조정한다. 숙련자는 이 과정을 거의 느끼지 않는다. 쓰려고 해서 쓰는 것이 아니라 상황에 따라 말이 반사적으로 바로 나온다. 이 상태가 바로 자동화다. 이 지점에서 언어는 '의식적으로 사용하는 도구'에서 '몸에 밴 사용 습관'으로 바뀐다. 이 자동화의 핵심 동력은 계속 강조해 온 '공부-습득-훈련의 삼각축'이다.

공부는 정확한 틀을 세우고, 습득은 표현을 실제 상황과 연결해 주며, 훈련은 그 표현을 빠르고 자연스럽게 만든다. 세 과정이 반복될수록 외국어는 우리 뇌의 무의식적 회로 속으로 흡수된다. 그 결과 우리는 모국어가 아닌 언어로도 생각하고, 느끼고, 반사적으로 말할 수 있게 된다. 언어의 자동화란 지식이 기술로 변하고, 이해가 익숙함으로, 익숙함이 자동 사용으로 이어지는 과정이다.

다음 장부터는 언어 유창성의 삼각엔진 원리를 바탕으로 언어 학습의 원칙과 구체적인 방법론을 살펴본다.

1. 언어 학습은 어학이 아니다

❶ 외국어 학습 목적은 학문적 탐구가 아니라 의사소통과 실제 사용에 달려 있다.

❷ '공부'는 설명 가능한 지식을 쌓는 데 그친다.

❸ 언어는 축적되는 지식이 아니라 작동하는 기술이다.

2. 언어 유창성의 삼각엔진

❶ 공부: 틀과 규칙을 이해하는 과정.

❷ 습득: 실제 사용을 통해 익숙해지는 과정.

❸ 훈련: 자동 사용을 위해 반복하는 과정.

3. 공부–습득–훈련의 순환

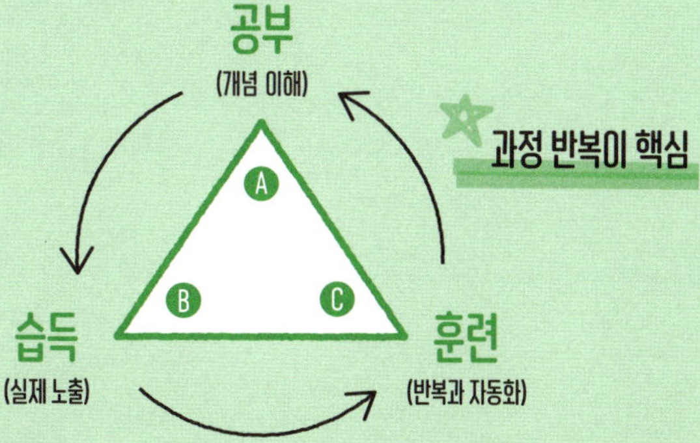

• 학습 단계·성향에 따라 '공부–습득–훈련' 비중은 달라지나 모든 단계에서 세 축이 필요하다.

4. 언어 유창성의 세 축이 무너지면 생기는 일

Ⓐ **공부에 치우친 경우:** 지식과 시험 점수는 높으나, 실전 말하기에서 막힌다.

Ⓑ **습득에 치우친 경우:** 감각은 형성되나 성장 속도가 느리고, 성인 학습자에게는 시간과 비용이 과다하게 소요된다.

Ⓒ **훈련에 치우친 경우:** 준비된 패턴에는 강하나 변형된 상황에서 응용력이 부족하고 확장에 한계가 생긴다.

5. 결국은 자동화다

자동화란? 외국어의 의식적 사용에서 몸에 밴 사용으로 전환되는 것.

자동화의 핵심 동력: 공부 – 습득 – 훈련의 삼각축. 이를 반복할수록 외국어는 우리 뇌의 무의식 회로에 흡수되어 학습 언어로 자동으로 생각하고 말하게 된다.

전략

언어에 입이 트이는
마스터 코드 7

CODE 1

내 언어의 '왜'를 분명히 하라

동기와 목적은 언어 학습의 엔진이다. 결승선을 모르는 선수가 마라톤을 완주할 수 없듯, 언어 학습도 '왜 배우는가'가 분명해야 오래 달릴 수 있다.

특정 언어와의 인연은 우연히 시작될 수 있다. 샹송에 매료되어 프랑스어를 시작하거나 독일인 친구와 가까워지고 싶어 독일어를 공부하기도 한다. 계기가 무엇이든, 어떤 언어든 상당 수준에 이르려면 긴 시간이 필요하다. 그래서 동기와 목표가 분명해야 한다. 그래야 지치지 않고 계속 달릴 연료가 생긴다.

동기가 거창할 필요는 없다. "《노르웨이의 숲》을 원서로 읽겠다" "3개월 뒤 포르투갈에서 현지어로만 살아보겠다"처럼 가슴 뛰는 이유면 충분하다. 유학, 이직, 자격증처럼 삶의 계획과 연결된 실용적 이유도 훌륭하다. 중요한 것은 구체성이다. 동기는 추상적일수록 흐릿해지고, 구체적일수록 에너지가 된다.

시간이 지나면 동기는 달라질 수 있다. 미국 드라마가 좋아서 영어를 시작했다가 번역가를 꿈꾸게 될 수도 있다. 동기는 변하기 마련이다. 다만 언제든 다시 확인할 수 있도록, '왜 배우는가'를 꼭 글로 적어보자.

목표는 구체적이고 단계적일 때 힘을 발휘한다. 심리학의 목표 설정 이론에 따르면 구체적이고 도전적인 목표일수록 집중과 끈기를 끌어올려 성과를 높인다. 원어민처럼 하겠다는 포부는 멋지지만 결승선이 흐릿하다. 궁극적인 목표는 쪼개야 작동한다. 1개월 차에는 자기소개, 3개월 차에는 여행 회화, 6개월 차에는 상하이에서 중국어로만 생존하기처럼 시간과 장면이 구체적인 목표를 세우자. 목표가 마음을 두근거리게 만들 때, 열정에 불이 붙는다.

   COURSE II **시스템** 뇌과학으로 루틴을 설계하라

맥락 속에서 습득하라

'맥락 속에서 습득하라'는 말은 단어와 표현을 볼 때마다 '이 말은 어떤 상황, 어떤 사람 사이에서, 어떤 의도로 쓰일까?' 하고 한 번쯤 짚어보는 습관을 말한다.

먼저, 단어는 문장과 함께, 문장은 장면과 함께 익혀야 한다. 예를 들어보자. 우리는 "친구와 약속이 있어"를 영어로 옮길 때 "I have an appointment with my friend"라고 생각하기 쉽다. 하지만 원어민에게 'appointment(약속)'는 보통 병원·은행 상담 같은 공식적인 예약을 가리킨다. 친구와의 약속이라면 'I have plans with a friend' 같은 표현이 훨씬 자연스럽다.

표현도 마찬가지다. 누구나 'excuse me' 뜻은 알고 있다. 하지만 미국이나 영국 여행 중 지하철에서 사람들 사이를 비집고 지나갈 때 'excuse me' 표현이 쉽게 나오지 않는다. '실례합니다'라는 사전적 의미를 알고 있음에도 불구하고, '잠시만요, 지나갈게요'를 이 상황과 연결하지는 못하기 때문이다.

맥락 속에서 익히는 방식은 뇌의 작동 원리와도 맞닿아 있다. 우리 뇌는 의미가 연결된 정보를 오래 유지한다. 맥락 없이 단어만 외우는 건, 사막에 물도 없이 묘목만 덩그러니 꽂아 두는 것과 같다. 이런 암기는 단기 기억에 머물렀다가 사라진다. 문장 속 의미, 이야기 속 상황과 연결되어야 장기 기억으로 이어지기 쉽다.

맥락과의 연계는 언어 학습을 지식 암기에서 표현 습득으로 바꾸는 결정적인 전환점이 될 것이다.

CODE 3

입력과 출력을 균형 있게 키워라

언어 학습에서는 종종 두 가지 모습이 나타난다. 말하기 연습은 많이 하지만 들은 것과 읽은 것이 충분하지 않은 경우, 그리고 말은 거의 하지 않은 채 듣기와 읽기만 반복하는 경우다. 전자는 연습한 표현은 숙달되지만 늘 하던 말만 하기 쉽다. 후자는 수동적인 이해 능력은 높아지는데, 말은 잘 안 나온다. 입력과 출력이 분리된 상태에서 생기는 전형적인 모습이다.

여기서 입력은 단순히 문법책을 읽거나 문제를 푸는 활동을 뜻하지 않는다. 언어를 구성하는 재료를 받아들이는 모든 경험이 해당한다. 책을 읽고, 영상을 보고, 드라마를 보거나 노래와 팟캐스트를 듣는 일, 실제 대화를 접하는 일도 모두 포함

된다. 출력은 이렇게 쌓인 재료를 말과 글로 드러내는 과정이다. 말해보고, 써보고, 표현으로 옮기는 모든 시도가 여기에 해당한다.

한국인들의 경우 입력과 출력이 한쪽으로 치우치는 경향이 있다. 읽기는 시험 문제 풀이에 국한되는 경우가 많고, 흥미 있는 글을 자기 속도로 읽는 경험은 상대적으로 적다. 그 결과 말하거나 글을 쓸 때 활용할 수 있는 표현과 문장 구조가 충분히 쌓이지 않는다.

언어학자 폴 네이션Paul Nation은 언어 학습을 '의미 중심 입력'과 '출력' '언어 초점 학습' '유창성 개발'로 나누어 설명했다. 이 가운데 '의미 중심 입력'과 '출력'이 실제 언어 능력을 키우는 핵심 축이다. 읽기와 듣기로 표현을 받아들이고, 말하기와 쓰기를 통해 이를 활성화할 때 언어는 비로소 자기 것이 된다. 특히 읽기는 구조화된 문장을 충분히 접할 수 있어, 표현력을 키우는 데 중요한 입력 방식이다.

언어는 채우기와 꺼내기가 맞물리는 과정이다. 채우기만 하고 꺼내지 않으면 쌓인 지식은 굳어버린다. 반대로 자꾸 꺼내기만 하다 보면 안에 담을 게 없어진다. 새로운 표현을 들었다면, 꼭 말해보자. 오늘 읽은 문장을 한 문장이라도 써보자.

운동하듯 몸으로 익혀라

언어 학습은 운동과 같다. 지식이 아니라 기술이다. 축구선수가 수천 번의 슛을 반복하며 감각을 익히듯, 언어도 같은 표현을 되풀이해 입과 귀에 새겨야 한다. 문장을 따라 쓰고, 따라 말하고, 표현 하나를 여러 상황에 대입해 보는 연습은 몸으로 옮겨 심는 체화의 과정이다.

이 원리를 설명해 주는 이론이 두 가지 있다. 먼저 기술 습득 이론skill acquisition theory은 충분한 반복이 머릿속의 지식을 절차화하고, 마침내 생각하지 않아도 나오는 자동화 단계로 만들어준다고 말한다. 언어학자 폴 네이션이 주장하는 언어 초점 학습과 유창성 개발 개념도 같은 맥락이다.

언어 초점 학습, 즉 정확성 훈련에는 분야별로 필요한 방식이 있다. 발음은 입 모양과 혀의 위치를 의식하며 반복해 보고, 원어민 발음과 비교하는 과정이 필요하다. 문법은 'It takes~to' '~used to' 같은 패턴 구조를 형태와 뜻을 확인한 뒤 그 자리에서 문장으로 만들어보며 손에 익히는 것이 좋다. 어휘는 사전식 1:1 대응이 아니라 원어민이 관습적으로 함께 쓰는 단어 결합(연어, 콜로케이션)으로 익혀야 오래 남는다. 영어에서 'make a decision' 'do homework'라고 하고, 'do a decision'이나 'make homework'라고 하지 않는 이유가 여기에 있다.

유창성 훈련은 이미 배운 표현을 끊김 없이 돌리는 단계다. 하나의 패턴을 정해 타이머를 켜고 60초 동안 사람·시간·장소만 바꿔 자동화하는 방식이 효과적이다. 예를 들어 "Can we…?"를 정했다면 "Can we start now?" "Can we meet earlier?" "Can we switch rooms?" "Can we sit over there?" 처럼 이어가는 식이다. 고급자의 경우 읽은 신문기사나 뉴스 내용을 세 문장, 두 문장, 한 문장으로 점점 압축해 말해보면 말의 흐름이 훨씬 부드러워진다.

문장을 통째로 반복하는 것도 필요하지만, 잘 안 되는 약한 고리를 떼어내 따로 단련하는 시간이 있어야 한다. 특정 발음이나 억양, 자주 막히는 문법 구조가 있다면 그 지점을 골라 짧은 세트로 집중 반복한 뒤, 다시 전체 문장 속에 끼워 넣어 연결한다. 수영에서 호흡 부분 훈련과 전체 동작을 오가며 완성도를 높이는 것과 같다.

마지막으로 피드백과 실수는 성장을 가속하는 장치다. 잘못된 자세로 운동을 반복하면 몸이 망가지듯 언어도 교정 없이 반복하면 나쁜 습관이 굳어지기 쉽다. 원어민 튜터의 코멘트, 녹음 후 자기 점검, AI를 활용해 '녹음하고, 문제를 피드백

받고, 다시 말하는' 간단한 절차를 습관으로 들이자.

CODE 5

하루 한 걸음이라도 전진하라

언어는 단기 몰입으로 정복할 수 있는 과목이 아니다. 지식이 아니라 습관이 필요한 기술이기 때문이다. 매일 조금씩 규칙적으로 뇌에 흔적을 남기는 학습이야말로 가장 강력하다. 뇌과학에서도 이를 '분산 학습 효과spaced repetition'라고 부른다. 같은 양의 내용을 공부해도 한 번에 몰아서 하는 것보다, 며칠에 걸쳐 나눠서 반복할 때 기억이 훨씬 더 오래 지속된다. 단기 집중은 단기 기억을 만든다. 그러나 언어는 장기 기억 속에서 점차 자동화되는 능력이다.

많은 경우 시간이 있을 때 몰아서 하려는 경향이 있다. 특히 평일이 바쁜 직장인 학습자들은 '주말에 몰아서 10시간 하겠다' 같은 계획을 세운다. 하지만 언어는 그런 방식에 잘 반응하지 않는다. 하루 10시간 듣는 것보다, 매일 아침 20분씩 듣는 편이 훨씬 더 자연스럽게 귀를 트인다.

물론, 학습자 중에는 매일 빠짐없이 하기가 기질적으로 어려운 경우도 있다. 루틴을 위한 루틴보다, 동기와 목표가 더 중

  COURSE II 시스템 뇌과학으로 루틴을 설계하라

요한 학습자들이다. 이럴 경우에는 매일의 학습을 가장 최소 단위의 루틴으로 설계해도 좋다. 즉 단 2분만이라도 집중하여 팟캐스트를 듣거나, 2분 혼잣말 녹음하기 같은 식이다. 이렇게 할 경우 매일 학습 강도와 시간은 달라지지만 언어 리듬은 유지할 수 있다. 또한, 이런 학습자들의 경우 '프로젝트식 학습법'이 유용하다. '프로페셔널하게 자기소개하기' '좋아하는 배우의 3분짜리 인터뷰 그대로 흉내 내기' 등 목표가 분명하고, 성취 결과도 단기간에 확인할 수 있는 '자신만의 단기 언어 프로젝트'를 세우면 언어 학습 루틴이 훨씬 견고해진다.

언어는 습관이다. 몰아서 공부하면 쉽게 지치고 포기하지만, 작고 가벼운 루틴은 오히려 지치지 않는 힘이 된다. 하루 15분이라도, 그것이 100일 이어진다면 그 힘은 누적되고, 언젠가 유창함으로 이어진다. '매일 조금씩의 힘.' 하루에 하나씩, 오늘의 벽돌을 쌓아야 언젠가 단단하고 아름다운 언어의 성이 완성된다.

CODE 6

재미는 기분이 아니라 전략이다

재미는 지속가능성의 열쇠다. 많은 사람에게 언어는 아직

도 '공부'다. 지겨운 교과서, 외워야 할 단어, 끝이 안 보이는 문법. 그래서 배움이 노동처럼 느껴진다. 그런데 끝까지 가는 사람들, 유창하게 말하는 사람들은 대부분 즐기는 사람들이다. 억지로 하지 않는다. 좋아서 한다. 앞 장에서 말한 '왜 배우는가' '맥락 속에서 습득하기' '입·출력의 양날개'도 사실은 재미라는 연료가 있을 때 오래 돈다.

심리학에서는 이를 내적 동기라고 부른다. 시험 점수 같은 외부 보상과는 다르다. 그 활동 자체가 재미있고 의미 있어서 반복되는 상태가 내적 동기다. 자기결정성 이론에 따르면, 내가 직접 고르고 선택하며, 조금씩 실력이 늘고, 누군가와 연결될 때 우리는 지치지 않고 계속하게 된다.

뇌도 재미에 반응한다. 흥미롭고 보람 있는 순간에 분비되는 도파민은 집중이 잘되고, 그렇게 집중한 내용은 기억에도 오래 남게 돕는다. 언어를 재미의 궤도에 올리려면, 거창한 장치가 필요 없다.

작은 장치만 더하면 즐거움은 배가된다. 처음엔 모국어 자막으로 내용을 이해하고, 다음엔 학습 언어의 자막, 익숙해지면 자막 없이 본다. 재생 속도도 0.9×→1.0×→1.1×순으로 살짝 올려 본다. 영상을 본 뒤 그 장면에서 꽂힌 한 문장을 따라 말해보고, 사진 한 장과 함께 한 줄 캡션을 외국어로 남긴다.

　　　COURSE II 　시스템　 뇌과학으로 루틴을 설계하라

좋아하는 배우의 대사를 표정까지 흉내 내며 따라 하는 것도 좋다. 이렇게 '재미-작은 성취-다시 재미'의 고리가 생긴다.

언어 교환 앱에서 가볍게 인사하고, 서로의 글에 짧은 댓글을 달아 보자. "내 문장에 '좋아요'가 달렸다" "핀란드 친구에게 한국어 표현을 하나 알려줬다" 같은 순간은 시험 점수보다 더 진한 성취감을 준다.

재미는 기분이 아니라 전략이다. 배우는 언어를 내 취향과 생활에 연결하자. 낚시처럼, 운동처럼, 언어를 취미로 삼아보자. 좋아하는 걸 하다 보면 배움은 오래가고, 실력은 조용히 쌓인다.

CODE 7
나만의 시스템을 마련하라

언어 학습에는 왕도가 없다. 베스트셀러 책의 방법도, 화제의 앱도, 유명 강의도 쏟아지지만, 마지막에 남는 질문은 하나다. "그 많은 방법을, 내 일상 안에 어떻게 녹일 것인가?" 언어는 각자 자기 방식으로 익히게 된다.

왜 시스템이 필요할까. 앞에서 말한 '맥락에서 배우기' '입·출력의 균형' '하루 한 걸음 전진하기' '운동하듯 반복하기’ ‘매일 조금씩, 재미있게’ 같은 원칙들은 부품에 가깝다. 부품이 아무리 좋아도 컨베이어 벨트가 없으면 완성품은 만들어지지 않는다. 시스템은 이 부품들을 ‘하루’라는 벨트 위에 올려 자연스럽게 돌게 만든다.

중요한 건 남의 루틴을 베끼지 말고, 내 시간·취향·학습 스타일에 맞게 루틴을 조정하는 일이다.

그렇다면 지금 당장은 무엇을 하면 될까. 하루 중 학습 시간과 장소를 구체적으로 성하자. 학교 가기 전 10분, 잠자기 직전 15분, 이렇게 정하면 실천에 부담이 없다. 컨디션이 안 좋은 날은 위한 최소 학습 단위를 정하는 것도 좋다. 동영상 한 편을 다 보려 하지 말고 3분짜리 클립 한 개 보기, 긴 글을 완독하려 하지 말고 단락 한 개 읽기, 말하기 30초 녹음 같은 식이다. 끝나면 다이어리나 달력에 학습 기록을 남기자. 매일의 기록이 작은 성공이 되고, 하루하루 작은 성공이 쌓이면 리듬이 된다. 리듬이 생기면 자신감이 붙는다.

시스템은 삶을 방해하지 않는다. 오히려 일상 속에 자연스럽게 녹아 있다. 학습 방법을 모으는 데서 멈추지 말고, 자신에게 맞는 흐름을 설계하라. 그래야 언어가 습관이 되고, 습관이 유창함으로 이어진다.

7가지 코드	실전 포인트
1. 나만의 '왜'를 분명히 하라	**학습 동기를 구체화하고,** **지속가능한 방향을 만들어라.** ❶ 나만의 '왜'를 3줄 적어본다. ❷ '이 언어로 하고 싶은 일' 3가지를 리스트로 작성한다. ❸ 목표를 작은 프로젝트로 만든다(일주일동안 외국어로 일기 쓰기, 교환학생 대상 3분 인터뷰 등).
2. 맥락 속에서 습득하라	**표현은 장면과 이야기 속에서 기억된다.** ❶ 단어는 반드시 예문과 함께 익히고 이를 짧은 이야기로 만들어본다. ❷ 글이나 영상에서 표현을 뽑아 배경 설명까지 함께 정리한다. ❸ 그 표현을 누가, 언제, 어떤 상황에서 사용했는지 자문해 본다.
3. 입력과 출력을 균형 있게 키워라	**읽고 듣는 만큼, 말하고 써야 진짜 내 것이 된다.** ❶ 오늘 읽은 표현을 녹음해 본다. ❷ 유튜브, SNS 등에 학습 언어로 댓글을 단다. ❸ 새로 배운 표현은 24시간 내에 3문장으로 쓴다.
4. 운동하듯 몸으로 익혀라	**이해보다 반복이, 암기보다 연습이 실력을 만든다.** ❶ 많이 쓰는 표현 패턴을 입에 익을 때까지 큰 소리로 읽는다. ❷ 좋아하는 유튜브 영상을 보며 원어민의 표정, 제스처까지 따라해 본다. ❸ 잘 안 되는 발음을 잘게 쪼개 반복 연습한다.

5. **하루** **한 걸음이라도** **전진하라**	**작게라도 매일 꾸준히 하는 것이 진짜 실력의 원천이다.** ❶ 기존 습관에 언어 루틴을 엮는다(샤워할 때 혼잣말하기 등). ❷ 하루 5개 표현 익히기 등 일일 최소 루틴을 실천한다. ❸ 달력에 학습 일자를 매일 체크한다.
6. **재미는** **기분이 아니라** **전략이다**	**즐거움은 지속성의 최고의 연료다.** ❶ 드라마, 음악, 음식, 취미 등을 외국어로 말할 수 있도록 환경을 설정한다. ❷ 언어 교환 SNS 앱을 사용한다. ❸ 게임 기반 언어 학습 앱을 사용해 본다.
7. **나만의** **시스템을** **마련하라**	**지속 가능성과 나만의 루틴은 '맞춤화된 시스템'에서 나온다.** ❶ 아침형, 저녁형 등 자신에게 맞는 시간대의 학습 루틴을 직접 설계해 본다. ❷ 자주 쓰는 앱, 사이트, 콘텐츠를 정리해 '나만의 언어 키트'를 만든다. ❸ 월간 루틴을 점검하고, 시스템을 계속 보완한다.

⬆ Level Up 실전 적용

CODE
1

내 언어의 '왜'를 분명히 하라

내가 이 언어를 배우는 가슴 뛰는 이유는 무엇인가?

1. 나의 WHY: ____

____

2. 이 언어로 이루고 싶은 구체적인 목표는 무엇인가?

　㉠ 근사하게 자기소개하기, 교환학생 친구에게 캠퍼스 안내해 주기, 도쿄에서 일본어
　　로 쇼핑하기 등

시점	목표
1개월 후	
3개월 후	
6개월 후	

맥락 속에서 습득하라

오늘 새로 접한 표현 3가지를 적고, 어떤 맥락에서 사용하는지 써보아라.

1. 표현:

· 맥락:

2. 표현:

· 맥락:

3. 표현:

· 맥락:

입력과 출력을 균형 있게 키워라

1. 나의 주요 입력 소스:

☐ 유튜브　☐ 영화, 드라마　☐ 뉴스　☐ 원서　☐ 노래　☐ 기타:

2. 입력을 출력으로 바꾸는 방법:

☐ 따라 말하기　☐ 1~2 문장 기억하여 말하기　☐ 기타:

운동하듯 몸으로 익혀라

1. 내가 집중 공략할 '약한 고리':

   ☐ 억양 ☐ 리듬 ☐ 연결 발음 ☐ 덩어리 표현* ☐ 기타:＿＿＿＿＿

2. 훈련 방법:

   ☐ 섀도잉 ☐ 큰 소리로 읽기 ☐ 녹음하기 ☐ 기타:＿＿＿＿＿

하루 한 걸음이라도 전진하라

바쁜 날을 위한 '최소 방어선' 루틴:

㉿ 팟캐스트 2분 듣기, 하루에 1문장 외우기

＿＿＿＿＿＿＿＿＿＿＿＿＿＿＿＿＿＿＿＿＿＿＿＿＿＿＿＿＿＿

＿＿＿＿＿＿＿＿＿＿＿＿＿＿＿＿＿＿＿＿＿＿＿＿＿＿＿＿＿＿

＿＿＿＿＿＿＿＿＿＿＿＿＿＿＿＿＿＿＿＿＿＿＿＿＿＿＿＿＿＿

---

* 통째로 외워져서 생각하지 않고도 바로 튀어 나오는 말 묶음을 가리킨다(예: I think, it's kind of, let me see 등).

재미는 기분이 아니라 전략이다

1. 지금 내가 좋아하는 것(취미, 관심사 등):

2. 그것을 이 언어로 즐길 수 있는 방법:

3. 지금 당장 시작할 수 있는 한 가지:

나만의 시스템을 마련하라

- **학습 콘텐츠**

  내가 주로 활용할 것들:

  ☐ **영상**(유튜브 등)

  ☐ **앱**

  ☐ **교재**

  ☐ **기타:**

- **주 학습 시간과 장소:**

  ㉠ 출근하는 지하철에서 15분

플랜

30분의 마법, 내 일상에 맞춘 루틴 설계법

새로운 언어를 배우기로 결심했다면, 가장 먼저 드는 질문은 '하루에 얼마나 공부해야 할까?'일 것이다. 어느 정도 시간을 들여야 만족할 만한 수준에 도달할 수 있을까?

일단 하루 30분으로 시작해 보자. 온전히 집중할 수 있는 시간이며, 언어 실력을 단기간에 상승시킬 수 있는 시간일 수도 있다. 15분을 최소 학습 단위로 삼고 가능한 대로 '15분 쌓기'를 해나가도 좋다. 집중 학습 효과가 오히려 커진다.

핵심은 '매일 꾸준히' 실천하는 데 있다. 반복이 쌓일수록 '시간의 복리'가 작동한다. 뇌는 새 언어를 받아들이며 언어 회로를 점점 더 두껍고 촘촘하게 만든다. 30분이 익숙해지면 30분을 더 늘려보자. 하루 30분은 결코 짧지 않다. 일본어처럼 한국인에게 쉬운 언어라면 하루 30분 투자로도 6개월 이내에 여행 회화 정도는 충분히 유창하게 구사할 수 있다.

이 장에서는 각자의 생활 속에서 지속 가능한 방식으로 하루 루틴을 설계하는 법, 그리고 그것을 자신에게 맞게 조정해 나만의 학습 패턴을 만드는 법을 함께 찾고자 한다.

외국어를 배우는 가장 단순한 공식: When & What

외국어 공부를 시작할 때 가장 흔하게 하는 실수는 '도구부터 고르는 것'이다. 유명한 교재를 사고, 인기 있는 앱을 설치하고, 유튜브에서 '외국어 잘하는 법' 영상을 찾아본다. 물론 도구는 중요하다. 하지만 루틴이 제대로 구조화되지 않으면 어떤 도구도 오래가지 못한다.

루틴을 만드는 과정은 단순하다. 먼저 '언제 공부할 것인지 when'를 정하고, 그다음 '무엇을 어떤 방식으로 공부할 것인지 what'를 선택하면 된다.

When, 학습 시간을 먼저 확보하라

일주일의 전체 흐름을 펼쳐놓고, 내가 공부할 수 있는 시간을 찾아보자. 집중 학습이 가능한 시간과 자투리 시간으로 구분하여 가용 시간을 펼쳐본다.

① 집중 학습 시간

길지 않아도 된다. 15분도 좋다. 이 시간은 루틴의 심장이 된다. 책을 읽고, 문장을 만들어 말해보거나, 글을 써보는 활동은 집중이 필요한 만큼 이 시간에 배치해야 한다. '연속된 30분'이 아니어도 최소 시간 15분 단위를 쪼개서 붙여도 충분하다. 짧은 시간 매일 반복되기만 하면 그 자체가 거대한 성장의 기반이 된다.

② 자투리 시간

자투리 시간은 몸은 바쁘지만 머리는 자유로운 시간이다. 설거지를 하거나 출퇴근을 하거나, 운동을 하면서 음악을 듣는 시간처럼, 몸은 움직이지만 뇌는 비교적 여유가 있는 순간을 활용해 보자.

이 시간은 짧고 산발적이지만, 오디오 기반 학습에는 최고의 황금 시간이다. 팟캐스트, 라디오, 짧은 뉴스 오디오 등 반복 청취할 수 있는 콘텐츠 위주의 듣기 중심 학습은 이 시간에 넣으면 가장 효율이 높아진다.

언어 학습을 오래해 온 사람들, 특히 여러 언어를 동시에 공부하는 다언어 화자들은 자투리 시간 활용이 뛰어나다. 그들은 공부할 시간을 찾는 대신, 공부하기 좋은 시간을 모은다.

③자신도 모르게 휴대폰을 하며 버리는 시간 확인하기

최근 한 조사에 따르면 한국인들은 하루 평균 약 2시간을 유튜브에 사용하고, 네이버와 카카오에 약 30분, 인스타그램에는 50분가량을 쓴다. 이 모든 시간이 비생산적이라고 단정할 수는 없지만, 무의식적으로 휴대폰을 만지작거리다 흘려보내는 시간이 상당하다는 점은 분명하다.

일주일 정도 자신의 휴대폰 사용 시간을 확인해 보자. 그중 습관적으로 소비되는 시간을 계산해 보면, 이를 언어 학습 시간으로 충분히 전환할 수 있음을 알게 된다. 일반 SNS 사용을 언어 학습용 SNS로 바꾸거나, 학습 중인 언어와 관련된 유튜브 채널 구독을 늘려 '소비의 시간'을 '투자의 시간'으로 바꿔보자.

   COURSE II   시스템   뇌과학으로 루틴을 설계하라

④일주일의 시간 구조를 눈으로 정리해 보기

자신이 학습에 쓸 수 있는 시간 전체를 달력에 표시해 보면 생각했던 것보다 시간이 꽤 많다는 사실을 발견하게 된다. '시간이 없어서 공부 못한다'라는 말은 대개 시간이 없어서가 아니다. 시간이 어디 있는지 몰라서 발생한다.

다음은 '무엇을 공부할지'를 결정하는 단계다.

What, 무엇을 어떤 방식으로 공부할 것인가

시간표 안에 어떤 학습 활동을 넣을지 결정하는 질문은 세 가지다.

①지금 가장 향상시키고 싶은 영역은 무엇인가?

듣기, 말하기, 읽기, 쓰기, 발음 등 현재 자신에게 가장 중요한 학습 우선순위가 무엇인지 생각해 본다. 가장 향상시키고 싶은 영역을 중심에 두고 나머지 학습 영역을 배치해 보자.

②그 영역을 향상시키는 활동 중 내가 즐기는 것은 무엇인가?

지속 가능한 루틴의 70퍼센트는 '즐겁게 할 수 있는 활동'을 선택하는 것에서 결정된다. 듣기를 개선하고 싶다면 드라마인지 팟캐스트인지, 말하기를 늘리고 싶다면 혼잣말인지 AI

대화인지, 읽기를 늘리고 싶다면 소설인지 뉴스인지, 자신에게 가장 자연스럽게 맞는 활동을 고르자. 즐거운 방식은 오래가고, 오래가는 방식이 실력을 만든다.

③내 수준에 맞는 콘텐츠는 무엇인가?

수준에 맞지 않는 콘텐츠를 선택하면 거의 실패한다. 너무 어렵다면 이해가 안 되어 좌절하고, 너무 쉬우면 성취감이 없어서 금방 질린다. 자막이 있는 영상, 이중언어 책, 짧은 인터뷰 영상, 뉴스 등 지금 나의 수준에 딱 맞는 콘텐츠를 하나 정해두는 것이 핵심이다. 이제 새롭게 언어를 시작하는 학습자라면 시중에 출판된 입문용 교재도 좋다.

이 세 가지 질문에 답하면 루틴 설계는 70퍼센트 정도 완성된다. 이제 그 루틴을 '나에게 맞게' 조정할 차례다.

나의 외국어 MBTI 발견하는 법

친구가 입이 닳도록 자랑하던 외국어 공부법을 따라 해봤는데, 막상 해보니 지루하고 어려웠던 적이 있는가?

외국어 공부가 힘들어지는 이유 중 하나는 사람마다 학습

   COURSE II 시스템 뇌과학으로 루틴을 설계하라

스타일이 전혀 다른데도 만병통치약식 해법이 쏟아지기 때문이다. 어떤 사람은 교재를 펴고 기본 구조부터 잡아야 말이 나온다. 반대로 어떤 사람은 드라마 한 장면을 보면서 몇 마디 따라 말하면서 배우기 시작한다. 누군가는 문장을 글로 봐야 이해가 되고, 또 누군가는 설명을 읽는 것보다 말로 들을 때 훨씬 빨리 알아듣는다.

이 차이는 재능 문제가 아니다. 언어를 받아들이는 방식이 다른 것이다. 여기에서는 나에게 잘 맞는 방식이 무엇인지부터 먼저 살펴보자.

①차근차근 배우는가, 부딪히며 배우는가

차근차근 배우는 계획형은 구조가 먼저다. 문법을 대략 이해하고, 패턴을 한두 개 정리해 봐야 비로소 머리가 돌아간다. 이런 사람에게는 교재, 단계별 강의, 패턴북은 가장 좋은 출발점이다. 이 유형에게는 정리된 흐름이 곧 학습의 엔진이다.

반대로 일단 부딪히는 몰입형은 경험이 먼저다. 유튜브에서 원어민의 말을 들어보고 따라 말하거나, 원어민 튜터에게 서툴게라도 말을 걸어보면 그 순간 감이 잡히기 시작한다. 이런 사람은 원어민들이 쓰는 말이 담긴 드라마, 유튜브 브이로그 등이 잘 맞는다. 이 유형에게는 실전 접촉이 학습의 시동이다. 둘 중 어떤 방식이든 문제없다. 그냥 시작하는 방식이 다를 뿐이다.

②글이 편한가, 소리가 편한가

글자 중심인 사람은 자막, 대본, 교재 같은 시각 자료에서 속도가 난다. 문장을 눈으로 확인하면 소리도 더 잘 들린다. 이들은 텍스트로 먼저 이해하고, 그 다음에 소리로 연결하는 방식이 편하다.

반대로 소리 중심인 사람은 설명을 읽을 때는 속도가 지지부진한데 말로 설명해 주면 바로 이해가 된다. 이들은 팟캐스트, 오디오북, 대화 녹음처럼 소리 기반 자료에서 학습 속도가 붙는다. 텍스트는 나중에 정확성을 잡는 용도로 쓰면 더 좋다.

③네 가지 조합이 나만의 스타일을 만든다

각자 다른 학습 성향은 이러한 여러 요소의 조합으로 이뤄진다. 차근차근형이면서 글자 중심일 수도 있고, 부딪힘형이면서 소리 중심일 수도 있다. 혹은 차근차근형인데 설명은 글보다 소리가 편할 수도 있다. 각 유형에 따라 좀 더 잘 맞는 학습 방식이 있다.

당신은 이중 어느 유형에 더 가까운가? 자신의 성향을 바

　　COURSE II　시스템　뇌과학으로 루틴을 설계하라

탕으로 좀 더 자신에게 맞는 학습 자료를 고르고, 맞춤형 커리큘럼을 짜보자. 다만, 이 구분은 절대적인 것이 아니다. 상호보완적이다. 차근차근형 학습자도 학습 언어 콘텐츠를 자주 접해야 하고, 부딪힘형 학습자도 중요한 문법이나 원리들을 정리해 나갈 때 실력 향상이 빠르다. 앞서 얘기한 '공부-습득-훈련의 삼각축' 원리다.

나의 외국어 MBTI

차근차근형

ⓔ 회화 중심 영상 시청, 예문 따라 말하기	ⓔ 교재 한 쪽 요약, 영상 자막 시청
ⓔ 같은 드라마 반복 시청, 대사 따라하기	ⓔ 링큐* 텍스트를 읽고 표현 따라하기

소리 중심 — **글자 중심**

부딪힘형

---

* 원어민 콘텐츠를 읽고 들으면서 모르는 단어를 즉시 저장하고, 주기적으로 복습해 어휘를 확장하는 독서·청취 중심의 외국어 학습 플랫폼.

1. 하루 30분의 마법

❶매일 한다. 학습 시간보다 '끊기지 않는 반복'이 중요하다.

❷집중 학습이 가능한 최소 시간 단위를 만든다. 15분씩 2회 나눠도 좋다.

2. 루틴 설계는 '언제(When) – 무엇(What)' 순서로

❶언제?(When?)

- '시간이 없다'는 착각을 없애라. 내 시간이 어디 숨어 있는지부터 찾는다.

- 집중 가능 시간, 자투리 시간, 무의식 중에 휴대폰에 쓰는 시간을 분리해 표시한다.

❷무엇을?(What?)

- 지금 필요한 학습을 중심으로 루틴을 배치한다.

- 내가 즐기는 방식으로, 내 수준에 맞는 콘텐츠 하나를 정해 반복할 수 있게 한다.

3. 나의 외국어 MBTI

❶차근차근형 vs 부딪힘형: 교재·구조 중심인가? 실제 사용·몰입 중심인가?

❷글자 중심 vs 소리 중심: 텍스트, 오디오 중 어떤 방식이 더 빨리 자신에게 흡수되는가?

⬆ Level Up 실전 적용

STEP 1 | 나의 하루 30분 '시간 찾기' 지도

1단계: 가용 시간 타임라인

나의 하루 일과 중 언어 학습에 쓸 수 있는 시간을 두 가지 유형으로 분류해 보아라.

시간 유형	해당 시간대 ⑩출근길 8시	활동 내용 ⑩팟캐스트 듣기	예상 시간
자투리 시간			( )분
집중 학습 시간			( )분

2단계: 휴대폰 다이어트

무의식적으로 소비하는 시간을 확인하고, 이를 '투자의 시간'으로 전환해 보아라.

- 나의 하루 평균 SNS 사용 시간: _______________ 분

- 전환 계획: ⑩인스타그램 대신 언어 학습용 유튜브 시청 _______________

____

____

나의 학습 스타일 & 루틴 설계

지속 가능한 루틴의 70%는 '즐거움'에서 나온다. 나의 스타일과 가장 잘 어울리는 루틴을 찾아보자.

학습 성향 자가 진단

각 항목에서 자신에게 더 가까운 쪽에 [V] 체크해 보아라.

- **A그룹(방법):**

[　] 계획형(구조와 패턴 먼저) vs [　] 몰입형(일단 부딪히며 경험)

- **B그룹(감각):**

[　] 글자 중심(대본, 자막 필수) vs [　] 소리 중심(팟캐스트, 듣기 선호)

나의 스타일: ＿＿＿＿＿＿형 ㉔ 계획형 + 글자 중심

나만의 30분 루틴 구성하기

앞의 진단 결과를 바탕으로, 오늘부터 실천할 3가지 핵심 요소를 정해 보아라.

1. 우선순위 영역: ☐ 듣기 ☐ 말하기 ☐ 읽기 ☐ 쓰기 ☐ 발음

2. 내가 즐길 콘텐츠:
☐ 대본 ☐ 뉴스 ☐ 브이로그 ☐ 기타: ＿＿＿＿＿＿＿＿＿

3. 나의 최종 루틴:

㉔ • 아침 자투리(10분): 이동하며 오디오 파일 청취

• 저녁 집중(20분): 들었던 내용 중 3문장 받아쓰고 말해보기

습관

의지력 NO,
저절로 굴러가는 공부 습관

지금까지 우리는 언제 공부할지, 무엇을 공부할지, 어떤 학습 성향인지까지 파악했다. 이 모든 정보를 연결해 줄 구체적인 '하루 루틴'이 필요하다. 이 책에서는 네 가지 다른 방식의 루틴을 제안한다. 단, 어떤 루틴이든 '인풋과 아웃풋의 균형'이라는 기본 원칙 아래 만들어야 한다. 또한 효과적인 학습을 위해서는 ①회상하기, ②잊기 전에 다시 보기(망각주기 반복), ③피드백 받기 등 세 가지 습관을 항상 염두에 두자. 다음 루틴은 편의상 한 시간을 기준으로 설명하고 있으나, 각자 가용 학습 시간에 따라 적절하게 조절하면 된다.

도구 100개보다 강력한 콘텐츠 1개의 힘

외국어 콘텐츠 하나를 진득하게 듣고 따라 말해보는 루틴이다. 책, 유튜브, 팟캐스트, 이중언어 자료, 강의 영상 등 다양한 콘텐츠 중 하나를 골라 기본 학습 자료로 한다. 핵심은 '하나의 콘텐츠에서 내가 오늘 쓸 수 있는 표현을 고르고, 그 표현을 입에 붙게 만드는 것'이다. 이 루틴은 다음과 같은 순서로 구성된다.

먼저 20분간 한 콘텐츠를 반복해서 듣거나 읽으며 내용을 익힌다. 초급자는 자막이 있는 짧은 영상이나 대화문을, 중급자 이상은 뉴스, 인터뷰, 토론 콘텐츠 등 다양한 수준의 자료를 활용할 수 있다. 이때는 반드시 소리 내어 따라 말하며 읽는 것이 좋다. 이후 5분은 콘텐츠를 덮고, 기억나는 내용을 머릿속으로 회상하거나, 인상 깊은 표현 세 개에서 다섯 개를 골라 노트에 기록한다.

두 번째, 아웃풋 연습이다. 방금 정리한 표현을 활용해 간단한 문장을 써보고, 이어서 말하기 연습으로 확장한다. 말할 때는 휴대폰으로 녹음하거나, AI와 대화를 시도해 보자. 문장을 실제로 써보고 말하는 과정에서 표현은 훨씬 더 빠르게 기억에 남는다.

마지막 단계는 피드백과 개선이다. 자신이 말한 내용을 다시 듣고, 고칠 표현이 없는지 체크한다. 이어서 AI를 활용해 문장의 자연스러움이나 문법을 점검받는다. 수정한 표현은 다시 한번 소리 내어 말하거나 다시 써보며 체화하는 것이 중요하다.

전략A 활용법

구분	시간	내용	핵심
인풋 (20분)	20분	교재, 온라인 강의, 팟캐스트, 동영상, 오디오북, 이중언어 책 중 하나를 선택해 공부한다.	소리 내어 따라하면 좋다.
아웃풋 (20분)	5분	내용을 들은 후, 배운 것을 떠올려 본다 (회상). 활용하고 싶은 표현 3~5개 정도를 노트(앱)에 정리한다.	먼저 회상해 보고, 생각나는 대로 적는다. 그 다음에 정답을 확인하고 비교한다.
	5~10분	방금 배운 어휘나 표현을 활용해 문장을 써본다.	
	10~15분	어휘와 표현을 활용해 말하기 연습을 한다. 학습자 수준에 따라, 짧은 문장, 요약, 셀프 인터뷰 등 방식으로 혼잣말을 하거나 AI와 대화한다.	반드시 녹음 또는 녹화한다.

피 드 백 (20분)	5분	녹음 또는 녹화한 뒤 말한 것을 다시 듣고, 고치면 좋을 부분을 체크한다.	
	5분	말하거나 쓴 문장을 AI를 통해 피드백 받는다.	
	10분	틀린 부분을 고쳐서 다시 쓰고, 말하기 연습을 한다. 단, AI와 말하기 연습을 할 경우, 아웃풋과 피드백 활동이 동시에 진행되어야 한다.	다음 날 복습한다.

전략 B

일단 뱉고 채우기, 중급자를 위한 역발상 루틴

이 루틴은 완전 초급자보다는 중급자에게 상대적으로 적당한 루틴이다. 먼저, 당일 학습 주제에 대해 지금 현재 머릿속에 있는 표현으로 말하거나 써본다. 문장이 잘 떠오르지 않으면 단어만 나열해도 괜찮고, 단어가 생각나지 않으면 모르는 단어는 한글로 대신 써도 좋다. 핵심은 번역기나 사전 없이 자신이 이미 알고 있는 언어 자원으로 최대한 표현해 보는 것이다.

학습 주제를 매일 새로 정하는 것은 비효율적일 수 있으므로, 가능하면 주간 단위로 미리 주제를 계획해 두는 것이 좋다.

교재, 학습 앱, 유튜브 구독 채널 중에서 하나를 선택해 주제를 고정하면 매일 고민할 필요가 줄어든다. 챗지피티 등 AI에 주 단위 학습 주제를 계획해 달라고 주문해도 괜찮다. 주제는 '식당에서 주문하기'처럼 실용적인 회화 표현부터, '기후 변화'와 같은 소재까지 학습자 수준과 관심에 맞게 선택하면 된다.

두 번째 단계에서는, 당일 주제와 관련된 콘텐츠를 학습한다. 20분에서 25분 동안 유튜브 영상, 뉴스 기사, 회화문 등 다양한 자료를 보고 듣는다. 이 과정에서 '아, 이 말은 이렇게 표현하는구나' 하고 느낀 표현 세 개에서 다섯 개 정도를 골라 노트에 정리한다. 이 표현들은 바로 '내가 말하고 싶었지만 몰랐던 말'이기 때문에, 더욱 기억에 잘 남는다.

마지막으로는, 새로 배운 표현을 적용해 말하거나 글로 다시 표현해 본다. 처음 시도보다 훨씬 구체적이고 자연스러운 문장이 나올 것이다. 이 결과물을 녹음하거나 AI를 통해 피드백을 받아보고, 필요하다면 수정한 문장을 다시 말해보며 루틴을 마무리한다.

어떤 학습 루틴을 선택하든 학습자가 좋아하고 흥미를 느끼는 콘텐츠를 활용하는 것이 좋다. 콘텐츠는 반드시 학습자의 수준에 맞고, 반복이 가능한 자료여야 한다.

구분	내용	핵심
아웃풋 (15분)	주제에 대해 3~5개 문장을 말하거나 쓴다. 문장을 쓰기 어렵다면 단어만 나열해도 좋다. 단어를 모르면, 빈자리에 한글로 써도 괜찮다.	사전, 번역기 등 도구의 도움을 받지 않는다. 최대한 머리를 짜내서 쓰고, 말해본다.
인풋 (25분)	주제 관련 학습 자료를 보고, 듣는다. 배운 어휘나 문장을 간단히 노트에 정리한다. 단, 매번 학습 주제 선정에 시간을 낭비하지 않도록 자료를 미리 준비를 해둬야 한다.	학습 자료는 교재, 원서, 이중언어 책, 유튜브, 신문 기사 등 취향에 따라 선택한다.
피드백 (20분)	새로 배운 표현으로 주제에 대해 쓰고, 말해본다. 말하기 연습을 녹음 또는 녹화한다. 쓰기는 AI 등을 통해 피드백을 받는다 . 피드백을 반영하여 다시 말하거나 써본다.	피드백을 통해 잘못된 표현을 바로잡아 써봐야 실력이 쌓인다.

전략 C

톰새의 마법, 15·15·30

이 루틴은 하루에 한 시간조차 확보하기 어려운 사람들에게 특히 잘 맞는다. 아침·점심·저녁으로 학습 시간을 세 구간으로 나누지만, 이 세 구간은 서로 단절되어 있지 않다. 오히려 각각이 다른 역할을 맡아 하루 전체의 학습이 하나의 흐름으로 이어지도록 돕는다.

아침 15분은 전날 배운 것을 복습하는 시간이다. 전날 배웠던 표현이나 문장을 적극적으로 떠올려보고 그것을 기록하라. 최대한 회상한 후, 교재를 펼쳐서 확인해 본다. 전날 머릿속에 담아두었던 언어가 이 짧은 시간을 통해 한 번 더 활성화되면서, 점심과 저녁 학습을 위한 준비가 된다.

점심의 15분은 실제로 말을 해보는 시간이다. 아침에 다시 떠올린 표현을 활용해 세 개에서 다섯 개 문장을 말하거나 써본다. 중·고급자는 아침에 떠올린 표현을 활용하여 하루 일과나 계획, 특정 주제에 대한 혼잣말을 해도 좋다. 아침 학습이 기억을 깨우는 단계라면, 점심 연습은 그 기억을 사용 가능한 형태로 바꾸는 단계다. 즉, 점심의 15분은 배운 내용을 언어 '지식'에서 '기술'로 전환하는 역할을 한다.

저녁의 30분은 하루 루틴의 중심이다. 이 시간에는 먼저 점심에 했던 아웃풋을 짧게 되돌아보며 표현을 점검한다. 말하면서 어색했던 문장이나 떠오르지 않았던 단어들이 있다면 이때 확인한다. 그 다음은 오늘의 새로운 학습에 집중한다. 오늘의 하이라이트 시간이다. 교재 한 쪽, 영상 하나, 짧은 회화문 등 어떤 자료든 상관없다.

결과적으로 이 루틴은 '아침 복습 - 점심 아웃풋 - 저녁 피드백·신규 학습 - 다음 날 아침 복습'이라는 하나의 학습 사이 클을 완성한다. 각 시간대에 맡겨진 역할이 다르기 때문에 단 조로움도 적고, 하루를 지나면서 자연스럽게 언어가 머릿속에 여러 번 떠오르게 된다.

무너지지 않는 유연함, 컨디션 맞춤형 학습법

모든 학습자가 매일 같은 시간, 같은 분량, 같은 언어를 공 부할 수 있는 것은 아니다. 업무 일정이 불규칙하거나, 여러 언 어를 오가야 하거나, 동기와 목표가 생길 때 학습 에너지가 크 게 달라지는 학습자도 많다.

전략 D는 이런 현실을 전제로 '완벽한 루틴'보다 '무너지 지 않는 운영 방식'을 만드는 데 초점을 둔다. 즉, 실제 생활의 변화를 전제로 한 루틴이다. 그날의 컨디션과 필요에 따라 미 리 정해둔 학습 메뉴 중 하나를 골라 적용하는 방식이다.

먼저 자신의 에너지 상태에 따라 강도를 달리하는 루틴이 다. 활동 예시 중에선 한두 개만 수행하면 된다.

이 세 단계 루틴을 운영해 보면 컨디션이 최악인 날에도 최소한의 흐름을 유지하며 습관이 무너지지 않는다. 다만, 무

<h2 align="center">에너지 강도별 유연한 루틴</h2>

구분	활동 예시	목표
에너지가 높은 날 ➡ **고강도 루틴**	원어민과의 1:1 회화 수업, 3~5분 스피치 준비, 어려운 텍스트 몇 쪽 읽기, 집중 섀도잉 20분.	가능한 만큼 실력 확장.
평범한 날 ➡ **기본 루틴**	교재 한 쪽 읽기, 텍스트와 오디오 병행 학습, 표현 3~5개 정리, 혼잣말 연습 5분.	기본적 실력 상승.
피곤한 날 ➡ **저강도 루틴**	유튜브 브이로그 한 편, 드라마 한 장면 반복 시청, 팟캐스트 5분 듣기, 링큐에서 쉬운 글 한 단락 읽기, 학습 언어로 노래 한 곡 듣기.	흐름 유지.

엇이 고강도이고, 저강도인지는 각자 느끼는 것이 다르다.

요일별로 학습 내용을 나누는 방식도 가능하다. 특히 두 언어 이상을 공부하거나, 읽기, 듣기, 말하기, 쓰기 등 여러 영역을 나눠서 학습하기에 편하다. 이 방식은 반복적인 활동에 싫증이 자주 나는 학습자에게 좀 더 맞는다. 다음 예시를 참고로 각자 상황에 맞게 조정하면 된다.

전략 D는 요일이나 컨디션에 따른 변화뿐 아니라, 학습 단위를 '프로젝트'로 전환하는 방식도 포함할 수 있다. 성격상 매일 루틴을 유지하기 어려운 학습자라면 자신만의 '작은 프로젝트'를 만들어 학습을 집중시키는 방식이 효과적이다.

'프로페셔널하게 자기소개하기' '자신이 좋아하는 배우의 3분 인터뷰를 억양, 표정, 제스처까지 흉내 내기' 등 짧은 기간 안에 성과가 즉각 확인되는 작은 프로젝트는 막연한 루틴보다 동기나 목표에 더 크게 영향을 받는 학습자에게 더 적합하다.

이 방식은 발표, 특정 발음이나 억양 연습, 보다 자연스러운 원어민식 표현 익히기, 특정 주제에 대한 표현 확장 등 지금보다 언어의 완성도를 높이기 위한 고급자들에게도 효과적인 학습 전략일 수 있다.

어떤 학습 루틴을 선택하든, 학습자가 좋아하고 흥미를 느끼는 콘텐츠를 활용하는 것이 좋다. 콘텐츠는 반드시 학습자의 수준에 맞고, 반복이 가능한 자료여야 한다.

아울러 매일 루틴을 지속하면서, 출퇴근 시간이나 산책 시간 같은 짧은 틈새 시간을 활용해 전날이나 당일 학습한 내용을 다시 듣고, 따라 말하거나 혼잣말로 연습하는 습관을 들이면 실력 향상의 속도는 훨씬 더 빨라진다.

4가지 루틴 전략

전략 A: 오늘의 콘텐츠 하나만 깊게 파고든다.

- 순서: 자료 1개 ➡ 표현 3~5개 뽑기 ➡ 말하기·쓰기 ➡ 피드백.

전략 B: 내가 말하고 싶은 것을 중심으로 한다.

- 순서: 아는 만큼 말하거나 쓰기 ➡ 그 주제 관련 콘텐츠를 뇌에 입력하기 ➡ 새 표현을 적용해 다시 말하거나 쓰기.

전략 C: 하루 전체를 하나의 사이클로 만든다.

- [아침 15분] 어제 배운 내용 회상.
- [점심 15분] 짧은 말하기, 쓰기.
- [저녁 30분] 점심 학습 피드백, 새 학습.

전략 D: 에너지, 요일, 프로젝트에 따라 변화를 준다.

- 컨디션에 따라 '**고강도 – 기본 – 저강도**' 메뉴 중 하나 선택.
- 여러 언어 또는 여러 영역 학습자라면 **요일 단위 분할**도 효과적.
- 주 단위로 집중할 수 있는 작은 **프로젝트 만들기** (프로페셔널하게 자기소개하기 등).

학습 언어: _______________   공부한 날: _______________

나에게 맞는 루틴 전략 찾기

STEP 1 │ 나의 루틴 유형 진단

다음 질문에 답하며 자신에게 가장 잘 맞는 전략을 골라보자.

질문	나의 답
하루 중 연속으로 집중할 수 있는 시간이 있는가?	☐ 있다 → 전략 A 또는 B / ☐ 없다 → 전략 C
정해진 주제보다 내가 하고 싶은 말을 중심으로 배우고 싶은가?	☐ 그렇다 → 전략 B / ☐ 아니다 → 전략 A
매일 같은 루틴보다 그날 컨디션에 따라 유연하게 하고 싶은가?	☐ 그렇다 → 전략 D

나에게 맞는 전략:

STEP 2 │ 내 전략 루틴 설계하기

선택한 전략을 바탕으로 오늘부터 실천할 나만의 루틴을 직접 채워보자.

• 전략 A를 선택한 경우

구분	시간	내가 쓸 콘텐츠 / 활동
인풋	20분	
아웃풋(회상, 쓰기, 말하기)	20분	
피드백·개선	20분	

• 전략 B를 선택한 경우

구분	시간	내가 쓸 주제 / 활동
아웃풋(먼저 말하거나 쓰기)	15분	
인풋(관련 콘텐츠 학습)	25분	
피드백·재아웃풋	20분	

• 전략 C를 선택한 경우

시간대	시간	내가 할 활동
아침	15분	전날 내용 회상:
점심	15분	짧은 말하기·쓰기:
저녁	30분	피드백 + 새 학습:

• 전략 D를 선택한 경우

구분	내가 할 활동
에너지 높은 날	
평범한 날	
피곤한 날	

Xin chào!
Buongiorno
Olá!
你好?
GutenTag
Salut!
こんにちは

훈련

읽든쓰말 근육을 키워라

읽기

외국어 문해력 높이는 4가지 비밀

원서 읽기는 언어 고수들 사이에서 효과가 검증된 가장 대표적 학습법이다. 물론, 초급자들에게 원서 읽기는 비현실적으로 들릴 수 있다. 그러나 세계적인 언어 고수들도 언어 학습 초기부터 원서 읽기를 병행하며 실력을 높여갔다.

특히 어휘 습득에서 읽기의 위력은 압도적이다. 영어 소설 한 권에는 평균 10만 단어 이상이 담겨 있다. 대중 소설은 15만 단어가 넘는다. 이런 방대한 표현을 우리는 이야기 흐름

속에서 자연스럽게 접한다. 그렇다면 어떻게 읽어야 실력이 실제로 성장할까?

① 내 수준에 맞는 텍스트를 골라라

초급자가 난해한 고전 소설을 펼쳤다가 금방 포기하는 일은 흔하다. 텍스트는 '적당히 어렵고, 대체로 이해되는' 수준이어야 한다. '이해 가능한 입력 이론'에서는 90퍼센트에서 95퍼센트 이해를 이상적인 기준으로 제시한다. 체감 기준으로는 어느 정도가 적당할까?

- 한 쪽에서 모르는 단어가 5~7개 이하라면 적당하다.
- 첫 장을 읽었을 때 줄거리 흐름이 대략 파악되면 적당하다.
- 읽으면서 '해석해야 한다'라는 느낌보다 '이야기를 따라가고 있다'라는 느낌이 들면 적당하다.

전자책, 이중언어 앱 등으로 원서를 읽을 경우 모르는 표현을 곧장 찾아볼 수 있기 때문에 '90퍼센트 이상 이해'가 절대 기준일 필요는 없다. 하지만 뜻을 찾아보는 데 시간을 너무 많이 써서 정작 내용에 몰입할 수 없다면, 그 책은 아직 적당한 난이도가 아니다. 적어도 학습자가 '조금 어려워도 계속 읽고 싶다'라고 느낄 정도는 되어야 한다.

처음부터 원서를 그대로 읽기 부담스럽다면 학습자 수준에 맞춰 각색된 책을 활용하는 것도 좋은 방법이다. 예를 들어 《셜록 홈즈》를 A1(입문, beginner), B1(중급, intermediate)처럼 단계별로 나눈 버전을 읽어볼 수 있다. 신문 기사나 칼럼을 그대로 읽기 벅차다면 AI에 원문을 입력하고 "A2(초급, elementary) 수준으로 쉽게 바꿔줘"라고 요청해도 좋다. 이렇게 난이도를 조절하면 '너무 어려운 책'과 '너무 쉬운 책' 사이에서, 나에게 딱 맞는 원서를 찾기 쉬워진다.

② 재미있는 텍스트가 최고의 선생님이다

읽기를 오래 지속하는 비결은 단 하나, 재미다. 조금 어려워도 재미있으면 밀고 나가게 되고, 아무리 쉬워도 지루하면 그만두게 된다.

언어는 관심사를 담는 도구다. 요리를 좋아하면 요리 레시

랭귀지 리액터를 통해 만든 이중언어 대본

정원사 1화 대서양의 정원

Time	Subtitle	Human Translation
43s	[mujer con acento mexicano] Mi hijo, Elmer.	내 아들, 엘메르
46s	Sufrimos un accidente de tráfico cuando él tenía seis años.	아들이 여섯 살 때 우린 교통사고를 당했다
51s	La corteza de su lóbulo frontal derecho quedó gravemente dañada	엘메로는 우측 전두엽 피질에 중상을 입어
55s	y perdió la capacidad de tener emociones.	감정을 느끼는 능력을 잃었다
1:01	Durante muchos años, no sintió afecto,	아들은 오랫동안 애정을 느끼지 못했다
1:05	ni alegría,	행복이나
1:06	ni amor.	사랑도
1:11	Suena terrible, sí.	끔찍하게 들리는 거 안다
1:16	[mujer] Pero a veces…	하지만 때론…
1:19	…era una gran ventaja.	큰 장점이기도 하다
1:27	[mujer] Todo es más sencillo	불안을 느끼지 못하면
1:29	cuando tampoco sientes ansiedad,	일이 훨씬 쉬워진다
1:34	ni miedo,	두려움이나
1:36	ni culpa.	죄책감도 마찬가지다
1:45	Algunos días sé que notaba que le faltaba algo…	때론 뭔가 빠진 게 있단 걸 아는 것 같다

구글 크롬에서 랭귀지 리액터를 설치한 후 유튜브나 넷플릭스를 볼 때 해당 영상의 자막을 선택한 뒤 내보내기 버튼을 누르면 원어(왼쪽)와 번역어 대본(오른쪽) PDF를 다운받을 수 있다.

피와 음식 블로그, 여행을 좋아하면 여행기, 스포츠를 좋아하면 경기 기사나 선수 인터뷰를 읽어보자. 익숙한 소재일수록 언어보다 '이야기'에 집중하게 되어 훨씬 효과적이다.

특히, 이미 재미있게 본 영화나 드라마의 대본은 매우 강력한 읽기 교재다. 내용, 인물, 장면을 이미 알고 있기 때문에, 언어에 쏟는 인지 부담이 크게 줄어든다. 랭귀지 리액터 Language reactor[*] 같은 프로그램을 활용하면 넷플릭스나 유튜브 자막을 바로 PDF 대본으로 변환해 읽기 자료로 쓸 수 있다.

수준과 상관없이 구어체 언어를 익히는 데 특히 큰 도움이 된다. 자막으로 보고, 대본으로 다시 읽고, 나중에는 소리만 들으며 내용을 떠올려 본다.

1인칭 시점 소설, 일기 형식의 글, 대화 위주 스크립트는 감정 표현 등 구어체 표현이 풍부해서 회화 실력 향상에도 좋다. 학습자용 콘텐츠 스크립트(BBC Learning English, 이지 랭귀지, 도이체 벨레 등)는 초·중급자가 '실생활과 가까운 언어'를 빠르게 익히기에 유용하다.

❸ 가볍게, 여러 번 읽어라

책을 완벽하게 이해하려고 애쓰다 보면 독서는 즐거움이 아닌 고된 노동이 된다. 지속하기 어렵다. 원서 읽기는 원래 처음부터 완벽하게 해석하는 작업이 아니다. 여러 번 읽으며 차근차근 흡수해야 한다. 다음 단계를 따라 가볍게 읽어보자.

---

* 넷플릭스나 유튜브 자막 두 개(한국어, 영어 등)를 동시에 띄워주고, 모르는 단어를 바로 클릭해 공부할 수 있게 돕는 구글 크롬 확장 프로그램.

- **첫 번째:** 대략의 큰 이야기 흐름만 잡는다.
- **두 번째:** 새로운 문장 구조와 낯선 표현들이 있는지 살피며 읽는다.
- **세 번째:** 꼭 배우고 싶은 표현을 찾아가며 읽는다.

두 번째 읽을 때는 이미 줄거리를 알고 있기 때문에, 인지 부담이 크게 줄어든다. 처음에는 막혔던 문장이 두 번째에는 자연스럽게 읽히고, 세 번째에는 의미까지 선명하게 연결된다.

오디오북과 함께 읽으면 흡수 속도는 더 빨라진다. 눈과 귀를 동시에 사용하면, 한번 놓친 표현이 다음 반복에서 자연스럽게 귀에 걸린다. 많은 언어 고수들이 단어를 하나씩 사전에서 찾는 대신 같은 텍스트를 여러 번 읽으며 의미를 유추하는 방식을 선택한 이유다.

❹

'덩어리'로 적어라

읽은 내용을 그냥 흘려보내지 말고, 그날 눈에 들어온 표현을 의미 단위 덩어리로 적어보자. '아, 원어민은 이렇게 말하는구나!' 하고 느꼈다면, 그 표현을 기록하는 게 좋다. 다음 예문을 보자.

He called off the party / at the last minute.
①called off the party = 파티를 취소하다.
②at the last minute = 막판에, 임박해서.

이렇게 문장 속에서 구 단위로 자연스럽게 함께 움직이는 표현을 뽑아두면, 회화 표현력과 문장 감각이 동시에 자란다. 하루 세 개에서 다섯 개면 부담 없이 꾸준히 할 수 있고, 복습하기에도 좋다. 학습 노트에 날짜별로 정리해 두면 나만의 언어 성장 기록이 된다.

Special Key

1. 자기 수준에 맞는 텍스트를 선정하기

적당한 난이도는 '90% 이상 이해 가능한 수준'이다. 모르는 단어를 찾는 데 시간을 다 써서 내용 몰입이 깨진다면 자신에게 맞는 책이 아니다. 한 쪽당 모르는 단어가 5~7개 이하라면 적정 수준이다. 이때 AI를 활용해 원문을 자신의 수준(예: A2, B1)으로 요약하거나 시중에 나와 있는 '수준별 맞춤 독해 책'으로 난이도를 더 조절할 수 있다.

2. 재미와 관심사 중심의 소재 선택

지루한 교재보다 자신의 관심사가 담긴 텍스트가 최고의 선생님이다. 이미 내용을 아는 영화·드라마의 대본이나 스포츠 기사 등을 활용하면 부담이 크게 줄어든다.

추천 텍스트	특징 및 장점
관심 분야 블로그·기사	배경지식이 있어 유추가 쉽고 실용 어휘가 풍부함.
영화·드라마 대본	상황과 인물이 선명하며 생생한 구어체 습득 가능.
1인칭 소설, 일기	감정 표현과 일상 회화 표현이 많아 말하기와 직결됨.

3. '가볍게 여러 번' 읽는 다독多讀 전략

완벽한 해석에 집착하면 독서는 노동이 된다. 한 텍스트를 최소 3회 이상 가볍게 반복하며 의미를 자연스럽게 흡수하는 것이 핵심이다.

- **1회독:** 전체적인 이야기 흐름과 맥락 파악에 집중한다.

- **2회독:** 문장 구조와 낯선 표현을 조금 더 세밀하게 살핀다.

- **3회독:** 눈에 익은 표현을 재확인하며 의미를 선명하게 연결한다.

- **효과 증폭:** 오디오북을 병행해 시각과 청각을 동시에 자극하면 흡수 속도가 빨라진다.

4. 핵심 표현의 '덩어리' 학습

읽은 내용 중 원어민이 자주 쓰는 표현 3~5개를 골라 의미 단위 덩어리로 기록한다. 단어 하나가 아닌 문맥 속에서 함께 움직이는 표현을 익혀야 실전 회화로 이어진다.

ⓔ He called off the party at the last minute.

→ called: 부르다, off: 떨어져, 분리되어(단어 단위) (X)

→ called off the party : 파티를 취소하다(동사구) (O)

→ at the last minute: 막판에, 임박해서(부사구) (O)

⬆ Level Up 실전 적용

학습 언어: _______________________   공부한 날: _______________________

STEP 1 | 나에게 맞는 '재미있는' 텍스트 고르기

나에게 흥미를 유발하는 읽기 자료는 무엇인가?
(책, 뉴스, 영상 대본 등)

- 자료명: ____

- 선택 이유: ____

____

STEP 2 | 가볍게 3번 읽기 챌린지

완벽한 해석의 부담을 버리고, 단계별로 체크하며 읽어보아라.

[　] **1회독(흐름 잡기):** 모르는 단어가 나와도 멈추지 않고 전체 줄거리를 파악하며 끝까지 읽었는가?

[　] **2회독(문장 읽기):** 줄거리를 아는 상태에서 문장 구조와 표현들을 조금 더 눈여겨보며 읽었는가?

[　] **3회독(의미 연결):** 오디오를 듣거나 대본을 소리 내어 읽으며 의미가 선명하게 연결되는 것을 느꼈는가?

오늘의 '덩어리' 수집함

문맥 속에서 발견한 보물 같은 표현 3~5개를 의미 단위로 적어보아라.(단어 하나가 아닌 문장이나 구문 전체를 적는 것이 핵심이다.)

번호	내가 찾은 표현 덩어리	뜻과 맥락
Ex	called off the party	파티를 취소하다(갑작스러운 상황)
1		
2		
3		
4		
5		

주의할 점

- **사전 찾기는 최소화하라:** 흐름을 방해할 정도가 아니라면 문맥을 통해 의미를 유추해 보는 것이 뇌에 더 오래 남는다.

- **완벽하지 않아도 괜찮다:** '이야기를 따라가고 있다'라는 느낌만 든다면 당신은 이미 훌륭하게 읽고 있는 것이다.

구분	절대 하면 안 되는 실수(Don't)	실력을 폭발시키는 비결(Do)
단어 학습	모르는 단어마다 사전 찾기	문맥 속에서 의미 유추하기
읽기 태도	완벽한 해석에 집착하기	전체 흐름을 즐기며 여러 번 읽기
어휘 습득	단어만 따로 떼어 외우기	문장 속 '덩어리'로 익히기
자료 선택	어렵고 딱딱한 고전 읽기	내가 이미 알고 있거나 재밌는 것 고르기
훈련 방법	눈으로만 훑어보기	오디오로 듣고 입으로 소리 내어 읽기

들기

귀가 뚫리고 뇌를 자극하는 소리 훈련

언어는 본래 '소리'에서 시작됐다. 문자는 소리를 기록하기 위해 만들어진 부호다. '듣기'는 소리가 귀에 들어오는 과정이고, '발음'은 그 소리를 입으로 재현하는 과정이다. 따라서 소리를 구분하고, 모방하는 능력이 언어 실력 전반을 결정한다.

소리를 정확히 알면 문장의 의미 파악이 훨씬 쉬워지고, 발음·말하기·읽기까지 자연스럽게 연결된다. 외국어를 잘하고 싶다면, 소리 훈련은 반드시 지나가야 하는 관문이다.

대부분의 언어에는 다음과 같은 공통된 소리 규칙이 있다.

- **연음:** 단어와 단어가 이어져서 들림.
- **축약:** 발음이 짧아지거나 변형됨.
- **강세:** 특정 음절이 더 강하게 들림.
- **약화:** 일부 소리가 거의 사라짐.
- **리듬:** 전체 문장이 하나의 흐름으로 읽힘.

다음 문장을 보자.

I am going to pick it up.

우리는 '아이 엠 고잉 투 픽 잇 업'처럼 들릴 거라고 예상하지만, 실제로는 이런 규칙들이 작용해 '암 고너 피키덥'처럼 들린다.

<h2 align="center">소리 규칙 적용 후 소리 변화</h2>

규칙	이 문장에서 적용된 부분	실제 들리는 소리 – 한글 표기는 이해를 돕기 위한 근사치임.
연음	pick it up → pi-kidup	'피기덥'처럼 들린다.
축약	going to → gonna, I am → I'm	'고너' '암'처럼 들린다.
강세	I'm GOnna PICK it UP	'고' '피' '업'이 강하게 들린다.
약화	It, to	거의 소리가 안 들린다.
리듬	da-DA-da-DA-da	'다-다(~)-다-다(~)-다'처럼 들린다.

이러한 일반적인 규칙 이외에도 중국어는 성조, 프랑스어는 연음(리애송)liaison, 일본어는 박자, 스페인어는 강세 위치, 독일어는 분명한 음절, 리듬 같이 나라마다 각각의 특성이 있다. 이처럼 각 언어별 소리가 어떻게 변하고 흐르는지 이해하면 귀와 입이 수월하게 열린다.

개별 소리보다 억양과 리듬이 더 중요하다

외국어는 노래와 같다. 단어는 음표, 문장은 멜로디다. 실제 회화에서는 단어의 소리보다 문장 전체 흐름, 즉 멜로디가 더 중요하다. 우리가 노래를 들을 때 음 하나하나를 구분하기보다, 멜로디 전체를 흥얼거리는 것처럼 말이다.

영어의 예를 들자면, 영어는 강세가 있는 음절을 중심으로 흐름을 만든다. 'I don't know'도 '아이 돈 노우'가 아니라 '아**던**노'처럼 하나의 덩어리로 들리고 강세도 조절이 된다. 이 흐름을 모르고 단어 하나하나 또박또박 말하면 어색하게 들리고, 듣기 역시 잘 되지 않는다.

원어민처럼 완벽한 발음을 구사하긴 어렵지만, 억양과 리듬을 익히는 건 비교적 쉽다. 심지어 억양과 리듬만 좋아져도 발음 전체가 훨씬 자연스럽게 들린다. 꼭 원어민처럼 말할 필요는 없지만, 원어민처럼 듣고 이해하려면 리듬과 억양의 흐름부터 몸에 익혀야 한다. 다만, 억양과 리듬이라는 숲에 집중하더라도 한국어에 없는 외국어의 개별 음소가 있다면 그런 소리들은 하나 하나 정확하게 익혀야 한다.

이해 가능한 콘텐츠를 반복해서 들어라

무작정 어려운 콘텐츠를 듣는다고 해서 실력이 늘지는 않

 COURSE Ⅲ 훈련 읽듣쓰말 근육을 키워라

는다. 듣기는 반복 노출도 중요하지만, 본질적으로는 '이해'의 과정이다. 내용을 어느 정도 이해할 수 있는 콘텐츠를 반복해서 들어야 실력 향상이 빠르다.

콘텐츠는 전체 흐름이 파악되고, 최소한 70퍼센트에서 80퍼센트 이상 이해할 수준이어야 한다. 듣기 전에 먼저 글로 내용을 훑어보는 것도 좋은 방법이다. 읽고, 듣고, 다시 읽고, 또 듣는 과정을 반복해 보자. 초급자라면 자막이 있는 영상이나, 이미 한 번 읽어본 책의 오디오북을 활용하는 게 효과적이다.

들으면서 따라 말하라

섀도잉은 들리는 소리를 거의 동시에 따라 말하는 훈련이다. 원어민 수준의 억양과 리듬을 익힌 거의 모든 외국어 고수들은 섀도잉 훈련을 적극적으로 실천했다.

다음과 같은 세 단계로 섀도잉 훈련을 단계적으로 해보자.

① '나나나'로 따라 해보기

섀도잉 시작 전에, 먼저 들리는 소리를 모두 '나'로 바꿔 따라 해보자. 예를 들어, "나**나**나—나나—나**나**나나"처럼, 단어는 몰라도 리듬과 높낮이만 모방해 본다. 이 단계에서는 정확한 발음보다 소리의 큰 흐름을 파악하는 것이 핵심이다.

②문장 따라 말하기

소리의 흐름에 익숙해졌다면, 이제 실제 문장을 따라 말해 본다. 긴 문장을 한꺼번에 따라 하려 하지 말고, 한 문장 단위로 끊어서 연습하자. 처음에는 0.7에서 0.8배속으로 천천히 연습해도 좋다. 각 문장의 리듬, 억양, 발음 포인트를 최대한 그대로 모방하는 데 집중한다. 소리를 하나하나 분해하기보다는 문장 전체의 흐름을 따라가는 것이 더 중요하다.

③본격 섀도잉

이제 본격 섀도잉 단계다. 짧은 문장을 듣고, 약간의 시차를 두고 소리를 복제해 보자. 이렇게 '지연 섀도잉'이 자연스러워지면, 이제 소리와 동시에 따라가는 '동시 섀도잉'으로 확장할 수 있다. 이 단계에서는 리듬과 억양을 실시간으로 따라하는 데 초점을 맞춘다.

섀도잉 3단계

구분	듣기	내용
1단계		개별 소리를 '나'로 대치하여 '나나-나-나나나' 식으로 소리 내본다.
2단계		문장 단위로 따라한다.
3단계		시차를 두고 따라 해보고, 익숙해지면 동시 섀도잉으로 확장한다.

섀도잉은 귀, 입, 뇌를 동시에 자극해 소리 패턴을 종합적으로 익히는 훈련이다. 발음, 억양, 리듬을 한꺼번에 훈련할 수 있음은 물론 말하기에 필요한 소리 감각 자체가 향상된다. 하루 5분에서 10분이라도 꾸준히 하면 효과가 크다.

마지막으로 기억하자. 섀도잉은 소리에 익숙해지고, 모방하는 훈련이다. 스스로 문장을 만들어내는 '말하기 훈련'과는 다르다. 따라서, 말하기 연습은 반드시 따로 해주어야 한다. 이에 대해서는 **STEP 10**에서 자세히 다룬다.

들으면서
적어라

받아쓰기는 흘러가는 소리를 단어 단위로 정확히 포착하는 가장 정밀한 청취 훈련이다. 동시통역사들도 자주 활용한다. 다만, 생각보다 까다롭고 고된 작업이다. 관사 하나도 놓치지 않고 기록해야 하기에 처음에는 30초 분량 뉴스 받아쓰는 데 한 시간이 넘게 걸리기도 한다.

이 때문에 받아쓰기는 중급자 이상에게 더 적합하다. 훈련을 시작할 때는 발음이 또렷하고 문장 구조가 단순한 자료를 고르는 것이 좋다. 테드TED 강연이나 CNN Student News 같은 콘텐츠가 적절하다.

다음 세 단계로 받아쓰기 연습을 해보자.

구분	핵심	내용
1단계	전체 들어보기	처음에는 단어 하나하나를 듣기보다 대략적인 흐름과 주제 파악에 집중한다.
2단계	키워드 중심 받아쓰기	주어와 서술어 중심으로 핵심 단어를 받아쓴다.
3단계	문장 전체 받아쓰기	가능한 한 정확하게 문장을 재현하고, 원문 스크립트와 비교해 누락되거나 잘못 들은 부분을 점검한다.

초·중급자라면 처음부터 완벽한 문장 받아쓰기보다는, 핵심 키워드만 잡아내는 연습부터 시작해도 좋다. 의미를 결정하는 단어만 제대로 잡아도 대화의 흐름은 상당 부분 이해할

　COURSE Ⅲ　훈련　읽듣쓰말 근육을 키워라

수 있다. 부족한 부분은 문맥을 통해 자연스럽게 보완된다.

초급자에게 중요한 것은 일단 '멈추지 않고 내뱉는 유창성'이다. 초급 단계에서는 개별 음소의 정확성보다, 언어 전체의 소리 모양과 리듬, 즉 나무 하나보다 숲을 먼저 보는 것이 효과적이다. 예를 들어 영어는 음절을 또박또박 읽기보다 의미를 담는 단어(내용어)에 강세를 두고, 나머지 단어(기능어)는 자연스럽게 약하게 흘리며 말하는 감각이 중요하다. 반면 일본어는 전체적으로 박자감이 고르게 들리도록 말하는 편이 자연스럽다. 다만 앞서도 강조했듯이 중급, 고급으로 갈수록 음소 단위의 정확도도 점점 중요해진다. 특히 수준과 무관하게, 한국어에 없는 소리는 초급부터 정확한 발음법(영어의 R/L, F/V, 중국어 권설음, 프랑스어 비음, 스페인어 R 발음 등)을 배워야 한다.

소리는 한 번에 완성되지 않는다. 핵심은 반복이다. 다만 전체 내용을 무작정 여러 번 반복하기보다는 잘 들리지 않는 부분을 골라 집중해서 연습하는 편이 효과적이다. 피아니스트 임윤찬은 쇼팽 에튀드의 두 마디를 연습하는 데만 일곱 시간을 쏟았다고 한다. 잘 안 되는 두 마디를 잘게 쪼개 그 부분만 반복해 완벽에 가깝게 다듬는 과정이 바로 훈련의 핵심이다. 소리 연습도 마찬가지다.

언어의 본질은 소리이며, 문자는 이를 기록하기 위한 부호다. 소리를 정확히 구분하고 모방하는 능력은 언어 실력 전반을 결정짓는 핵심 관문이다.

1. 소리 규칙을 우선 파악하기

언어마다 고유한 소리 체계가 있다. 이를 모르고 들으면 아는 단어도 들리지 않는다. 대부분의 언어에는 다음과 같은 공통 원리가 존재한다.

- **연음 및 축약:** 단어가 붙거나 소리가 짧게 변형됨.
  예 pick it up➡피키덥

- **강세와 약화:** 특정 음절은 강하게, 기능어는 소리가 거의 사라질 정도로 약하게 발음함.

- **리듬과 억양:** 문장 전체를 하나의 흐름으로 읽는 고유의 멜로디.

2. 훈련법 단계별 실천 지침

- **청취 훈련:** 70~80% 이해 가능한 콘텐츠 선정➡스크립트 먼저 읽기➡반복 청취.

- **섀도잉**(3단계)**:** '나나나'로 리듬만 모방➡문장 단위 따라 말하기➡시차를 두고 동시 발화.

- **받아쓰기**(3단계)**:** 전체 흐름 파악➡키워드(명사·동사) 중심 기록➡전체 문장 재현 후 대조.

3. 효율적인 학습 전략

- **억양과 리듬의 우선순위:** 개별 음소의 정확도보다 문장 전체의 흐름을 익히는 것이 유창성에 더 효과적이다. 단, 한국어에 없는 고유 음소(R, L, F, V 등)는 초기에 정확한 발음법을 익혀야 한다.

- **이해 가능한 입력:** 무작정 많이 듣기보다 내용을 이해하며 듣는 과정이 필수적이다. 읽기와 듣기를 병행할 때 뇌의 습득 속도는 빨라진다.

- **구간 집중 반복:** 전체를 반복하기보다 잘 들리지 않는 특정 구간을 잘게 쪼개어 완벽해질 때까지 집중 연습하는 것이 실질적인 실력 향상을 이끈다.

학습 언어: ____________________ 공부한 날: __________ . ____ . ____

- 오늘의 훈련 자료(1분 이내 소요되는 자료 권장): ____________________

____

- 이 언어의 소리 포인트: ⑩엉어의 강세와 연음, 스페인어의 R 빌음 등

____

____

STEP 1 | 섀도잉 3단계 챌린지

직접 입으로 내뱉으며 체크해 보아라.

[　] **1단계(Humming):** 가사를 모르는 노래를 흥얼거리듯, '나나나' 소리로 리듬과 높낮이만 따라 했는가?

[　] **2단계(Sentence):** 문장 단위로 끊어서, 원어민의 속도와 억양을 0.8배속 느낌으로 모방했는가?

[　] **3단계(Real-time):** 그림자처럼 시차를 두고(또는 동시에) 전체 문장의 흐름을 복제했는가?

정밀 청취: 받아쓰기

가능한 한 정확도를 높여가며 문장을 반복적으로 받아쓰기해 보자.

[1차] 핵심 키워드 적기:

[2차] 전체 문장 완성하기:

[3차] 스크립트 대조 및 교정:

(※ 놓친 부분: ☐ 연음 ☐ 축약 ☐ 약화 ☐ 모르는 단어)

구분	핵심 원리	실천 방법
소리 규칙	연음, 축약, 강세, 리듬	아는 단어가 안 들린다면 '소리 변화' 규칙을 먼저 체크하라.
섀도잉	소리 복제	개별 발음보다 전체 리듬과 억양(멜로디)을 모방하는 것이 우선이다.
받아 쓰기	정밀 청취	전체 문장이 힘들다면 명사와 동사(키워드)부터 적는 연습하라.
반복 훈련	임계점 돌파	안 들리는 특정 구간만 잘게 쪼개어 반복하는 것이 가장 효율적이다.

말하기

더듬거리지 않고
원어민처럼 말하는 법

말하기는 단어를 조합해 문장을 구성하고, 그것을 소리로 바꾸는 입과 혀의 움직임이 동시에 작동하는 복잡한 과정이다.

이 모든 단계를 한 번에 처리하려니, 초급자는 어디선가 막히게 된다. '무엇을 말할지'는 떠오르는데, 그걸 어떤 단어로 표현할지, 어떤 순서로 배열할지, 어떤 소리로 낼지, 소리를 어떻게 자연스럽게 낼지 한꺼번에 처리하려다 보니 말이 안 나온다.

말하기 실력을 단계별로 키우는 여섯 가지 훈련을 소개한다.

① 손으로 쓰면 입이 열린다

두뇌는 쓰기와 말하기를 완전히 별개의 기술로 처리하지 않는다. 단어를 고르고, 문장을 만들고, 의미를 조합하는 핵심 언어 영역은 두 기능이 겹쳐 있다. 자이가 있다면 말하기는 입과 혀의 운동이, 쓰기는 손의 운동이 추가될 뿐이다.

그래서 말하기 전에 써보는 연습 자체가 말하기 연습이 된다. 바로 말하려면 막연하지만, 손으로 차근차근 정리해 보면 생각이 명확해지고, 정리된 문장은 말로 훨씬 쉽게 이어진다.

② 문장에 벽돌을 쌓아라

말하기는 짧은 문장을 차곡차곡 쌓아올리는 과정이다. 처음부터 긴 문장을 만들려 하면, 입이 얼고 생각도 복잡해진다. 이럴 때 유용한 훈련이 바로 '벽돌 쌓기building blocks' 방식이다. 가장 단순한 문장에서 출발해, 의미 뭉치를 하나씩 덧붙이며 문장을 확장해 나가는 연습이다.

예를 들어 이런 식이다.

I go. (나는 간다.)

I go to **school**. (나는 학교에 간다.)

I go to school **in the morning**. (나는 아침에 학교에 간다.)

I go to school in the morning **by bus**. (나는 아침에 버스로 학교에 간다.)

I go to school in the morning by bus **with my sister**.
(나는 아침에 누나하고 버스로 학교에 간다.)

각 문장은 앞 문장을 그대로 유지하면서, 장소, 시간, 사람, 교통수단 같은 정보를 하나씩 더한 것이다. 이렇게 반복하다 보면, 처음엔 어렵게 느껴졌던 긴 문장도 자연스럽게 말할 수 있게 된다. 문장 덩어리를 붙이는 감각도 함께 길러진다. 이 연습은 특정 언어에 국한되지 않는다. 단순한 것 같지만, 초급자에게 효과가 크다.

자주 쓰는 동사와 조동사를 중심에 두고 벽돌을 쌓듯 연습해 보자. 기본 표현은 1주에서 2주 만에 익숙해지고, 문장 구조 감각, 어휘 확장력, 유창성까지 동시에 키워나갈 수 있다.

읽기·듣기는 되는데 말하기가 막히는 중급자가 매우 많다. 가장 큰 이유 중 하나는 머릿속 문장이 문어체로 되어 있기 때문이다.

말은 더 짧고, 단순하고, 상황에 따라 끊기고, 즉흥적이다. 그래서 말하기 연습에서는 구어체가 우선이다.

어떻게 하면 구어체 감각이 생길까? 가장 좋은 방법은 원어민이 말하는 문장을 자주 보고 듣는 것이다. 소설 속 대화문, 드라마 대본, 인터뷰, 유튜브 스크립트 등이 좋다.

원어민 인터뷰나 토크쇼를 보면, 사람들이 실제로 어떻게 질문하고 대답하는지, 문장을 어디서 끊고 어떻게 이어가는지, 머뭇거릴 때 어떤 표현을 쓰는지를 생생하게 볼 수 있다.

이때 중요한 요소가 추임새 filler words다. 영어로 예를 들면 well, you know, actually, so, I mean, hmm…등이다. 한국어로 치면 "음…" "그게…" "그러니까…" 같은 말이다. 문법적으로는 없어도 되지만, 말의 리듬을 조절하고, 생각할 시간을 벌고, 상대방 반응을 살피는 기능을 한다. 딱딱한 말투를 부드럽게 풀어주는 장치이기도 하다.

Well, I'm not sure about that. (글쎄요, 잘 모르겠네요.)

You know, I've been thinking… (저기, 생각을 좀 해봤는데…)

Actually, that's a good point. (사실, 좋은 지적이네요.)

I mean, it's kind of obvious. (제 말은, 그건 당연하단 거예요.)

Hmm… I'm still deciding. (음… 아직 고민 중이에요.)

이런 작은 추임새가 말의 생동감을 만든다. 원어민이 실제로 쓰는 표현을 듣고 따라 하며, 추임새 표현을 자연스럽게 활용하면 우리 두뇌가 해당 언어 모드로 완전히 전환되는 경험을 하게 된다.

④ 말문이 트이는 '1-2-3' 기법

말하기는 입력이 있어야 가능하다. 읽기와 듣기, 즉 입력이 말의 재료다. 하지만 많은 학습자가 읽고 듣기만 할 뿐 그 내용을 말로 내뱉는 연습은 하지 않는다. 입력된 내용을 내 말로 설명해 보는 것이 진짜 출력이다. 특히 초급자일수록 '무엇을 말하지?' 하며 막히기 쉬운데, 이미 본 내용을 활용하면 부담 없이 말문이 열린다.

조금 익숙해지면, 영상·기사·책 등에서 본 내용을 1분 안에 요약해서 말해보자. 처음엔 그 내용을 건너들어서 대략 기억나는 대로 말하는 것처럼 얼버무려도 괜찮다. 핵심은 직접 말해보는 것이다.

이때 활용할 수 있는 방법이 '1-2-3 기법'이다. '1분 → 2분 → 3분' 단위로 말하는 시간을 점차 늘려가며 요약력, 발화 체력, 말의 감각을 함께 키우는 방식이다. 이렇게 하면 단순한 복습을 넘어 실제 대화에 가까운 말하기가 된다.

❺ 자신감을 키우는 혼잣말 훈련법 5단계

혼잣말은 많은 언어 고수들이 강조한 실전 훈련이다. '외국어로 생각하는 법'을 실천하는 가장 직접적인 방법이기도 하다. 무슨 말을 해야 할지 막막하다면, 다음 혼잣말 훈련법 5단계를 따라가 보자.

①지금 행동 묘사하기: 현재 하고 있는 동작을 짧게 말한다.

I open the window. (창문을 연다.)

I'm drinking water. (물을 마시는 중이다.)

②눈앞 상황 묘사하기: 주변 사물이나 날씨, 장면 등을 설명한다.

There's a tree outside. (밖에 나무가 있다.)

It's cloudy today. (오늘은 날씨가 흐리다.)

③ 3문장으로 하루 요약하기: 그날 있었던 일을 간단히 정리한다.

Today was a busy day. (오늘은 매우 바쁜 날이었다.)

I finished my work and ate good food. (일을 끝내고 맛있는 음식을 먹었다.)

I am happy to rest now. (쉴 수 있어서 행복하다.)

④감정 표현하기: 기분이나 생각을 짧게 표현한다.

I feel excited today. (오늘은 너무 신난다.)

I was a bit nervous this morning. (아침에 조금 긴장되었다.)

⑤**셀프 인터뷰**: 자문자답 형태로 말문을 확장한다.

> **Q.** What did you do today? (오늘 무엇을 했나요?)
> **A.** I watched a movie. (영화를 보았어요.)

이 연습은 1인칭과 2인칭 시점을 넘나드는 대화 훈련이 되며, 익숙해지면 같은 주제로 3분 정도 말하기까지 확장해 본다.

혼잣말 훈련을 하다 보면 어디서 막히는지, 어떤 단어가 안 떠오르는지가 드러난다. 예를 들어 "나는 지금 엘리베이터를 탄다"라고 말하고 싶을 때, '탄다'가 영어로 뭐였지? 이런 의문이 곧 학습의 시작점이 된다. 부족한 부분은 찾아보고 다시 말할 때 실력이 쑥쑥 높아감을 느낀다.

이 훈련은 장소나 시간에 구애받지 않아 좋다. 지하철, 버스, 샤워 시간처럼 자투리 시간을 알차게 채워준다. 단, 하루 5분이라도 조용히 집중해 보길 추천한다. 휴대폰 녹음기를 켜고 짧게 말해보자. 녹음 파일을 주 단위로 모으고, 한 달 후, 세 달 후, 6개월 후 확인해 보자. 혼잣말 연습 자료는 이 책 부록에 추가로 첨부한다.

❻
언어 지식을 실전 감각으로 바꿔라

많은 학습자들은 문법과 단어는 잘 알고 있어도, 정작 "실례합니다" "미안합니다" "고맙습니다"처럼 아주 기본적인 표현이 입 밖에 나오지 않는 경우가 많다. 이는 표현을 모르기 때문이 아니라, 상황에 따라 어떤 말을 써야 하는지에 대한 감각이 부족하기 때문이다. 많은 경우 언어 지식만으로는 충분하지 않고, 문화적 맥락과 함께 익히는 과정이 필요하다.

예를 들어, 영어권에서는 재채기한 사람이 "excuse me(미안합니다)"라고 말하고, 주변 사람은 "bless you(축복합니다)"라고 반응하는 것이 일반적이다. 재채기한 사람이 아무 말도 하지 않으면 무례하다고 여겨질 수 있다. 반면, 프랑스어권, 스페인어권에서는 재채기한 사람은 보통 아무 말없이 넘어가고, 주변 사람이 각각 "À tes souhaits(소원성취)!" "salud(건강)!" 등으로 반응한다.

일본에서는 재채기한 사람이 "すみません(죄송합니다)"라고 말하는 경우가 많지만, 듣는 사람은 별다른 반응을 하지 않는다. 한국에서는 재채기한 사람이나 듣는 사람 모두 특별한 표현 없이 지나가는 경우가 대부분이다.

또 하나 흔한 문제는 자기소개나 자기 나라 문화를 소개하는 표현을 생각보다 준비하지 않은 경우가 많다는 점이다. 이런 표현은 언제 어디서든 사용할 일이 많기 때문에 학습자 수준과 상관없이 미리 반복 연습해 익혀둬야 한다.

초급 수준에서는 간단한 인삿말, 출신 지역, 직업과 취미 정도를 말할 수 있고, 고급 수준이라면 자신의 가치관이나 문화적 배경까지 보다 깊이 있게 전달할 수 있다. 이때 복잡한 표현보나는 자신의 수준에 맞는 실전 표현을 준비해 둬야 한다.

말하기 실력을 키우는 6단계 훈련법

말하기는 문장 구성과 발성을 동시에 처리하는 복잡한 과정이다. 초보자가 한꺼번에 처리하기 힘든 이 과정을 6단계로 나누어 훈련하면 효과적이다.

훈련 단계	핵심 방법	기대 효과
❶ 쓰기 병행	말하기 전 내용을 짧게 메모하기.	생각이 명확해지고 문장 구조를 익힐 수 있음.
❷ 벽돌 쌓기	단문에서 시작해 정보를 하나씩 추가하기.	문장 구조 감각, 어휘력, 유창성 키우기 가능.
❸ 구어체 습득	드라마·인터뷰 속 실제 표현과 추임새 익히기.	원어민처럼 자연스러운 발화와 리듬감 습득.
❹ 출력 전환	읽거나 들은 내용을 1~3분 요약 말하기.	요약력, 발화력, 대화 감각 키우기 가능.
❺ 혼잣말 훈련	묘사·요약·감정·인터뷰 순으로 말하기.	원어민처럼 생각하고 말하기 가능.
❻ 실전형 말하기	문화적 맥락과 표현 습득하고, 사용하기.	현지 문화에 대한 이해가 높아짐.

⬆ Level Up 실전 적용

학습 언어: _______________   공부한 날: ___________ . ___ . ___

STEP 1 | 말하기 전 '생각 정리' 하기

본격적으로 입을 떼기 전, 단 3문장이라도 손으로 써보는 훈련이다.
다음 예시와 같이 자신이 말하고 싶은 주제를 골라 짧게 적어보아라.

> • **주제:** ㉑취미, 어제 먹은 음식, 내일의 계획 등 _______________
>
> _______________
>
> • **작성 칸:**
>
> 1. _______________
> 2. _______________
> 3. _______________

STEP 2 | '벽돌 쌓기' 문장 확장 훈련

다음 제시된 예시 문장과 같이 가장 기본 문장에 정보를 하나씩 더해
학습 언어로 문장을 만들어보아라. (장소, 시간, 방법, 인물 등을 추가하라.)

> • **기본: I eat.** (나는 먹는다.)
>
> + 대상: I eat _______________ (나는 먹는다).
>
> + 시간: I eat apple _______________ (나는 사과를 먹는다).
>
> + 이유: I eat apple in the morning _______________
>
> (나는 아침에 사과를 먹는다).

자연스러운 대화를 위한 '추임새' 연습

다음 예시와 같이 학습 언어에 맞게 알맞은 추임새를 넣어 입으로 소리 내어 읽어보아라.

- **상황 A:** (생각할 시간이 필요할 때)

  "__________, I'm not sure." (음, 잘 모르겠어요.)

- **상황 B:** (상대방의 동의를 구할 때)

  "It's a beautiful day, __________?" (오늘 날씨 좋죠, 그렇죠?)

- **상황 C:** (말을 바로잡거나 강조할 때)

  "__________, that's not what I meant." (아, 내 말은 그런 뜻이 아니었어요.)

1-2-3 기법: 요약하여 말하기

오늘 읽은 기사나 시청한 영상의 내용을 떠올리며 다음 시간에 맞춰 말해보아라.(스톱워치를 활용하라.)

[1단계] 1분 동안 핵심만 말하기: __________ (성공/실패)

[2단계] 2분 동안 상세히 설명하기: __________ (성공/실패)

[3단계] 3분 동안 내 의견 덧붙이기: __________ (성공/실패)

혼잣말 훈련법 5단계

오늘 하루 중 자투리 시간을 활용해 다음 예시처럼 5단계를 수행하고
체크하라.

[　] **지금 행동 묘사:**

"I am waiting for the bus."
(버스를 기다리는 중이다.)

[　] **눈앞 상황 설명:**

"The sky is very blue today."
(오늘 하늘이 파랗다.)

[　] **3문장 하루 요약:**

"I worked hard. I met a friend. It was fun."
(열심히 일했다. 친구를 만났다. 즐거웠다.)

[　] **현재 감정 표현:**

"I feel a bit tired but happy."
(오늘은 조금 피곤하지만 행복하다.)

[　] **셀프 인터뷰:**

"**Q:** What's for dinner? **A:** I'll have pasta."
(오늘 저녁 메뉴는 뭐예요?) (파스타 먹을 거예요.)

하루 3문장 쓰기,
기록이 실력이 되는 힘

쓰기는 생각을 언어로 정리하는 최고의 도구다. 말처럼 즉흥적이지 않아 부담이 적고, 자신이 어떤 단어와 문장을 구사할 수 있는지 점검할 수 있다. 무엇보다 쓰기는 곧 말하기 준비 과정이다.

첫 번째로 자유롭게 초안을 써보자. 오늘 느낀 것, 본 것, 떠오른 생각을 있는 그대로 써본다. 이때 사전은 찾지 않는다. 모르는 단어는 빈칸이나, 한국어 표현으로 임시로 채워도 괜찮다. 이건 마치 몸을 스트레칭하는 것처럼 두뇌의 언어 감각을 최대한 확장하는 연습이다. 지금 내가 가진 표현 능력을 총동원해 보는 것이다.

두 번째는 보충 단계다. 초안이 완성된 뒤에는 사전이나 번역기를 참고해 빠진 단어를 채우고, 어색한 표현을 자연스럽게 다듬는다.

세 번째는 교정 단계다. AI 도구로 피드백을 받아보고, 수정된 문장을 참고해 다시 한번 써보자. 고쳐 쓰는 과정이 쓰기 실력을 키우는 핵심이다. 익숙해지면 하루 세 문장을 다섯 문장으로, 단순한 일상에서 감정이나 의견 표현으로 확장해 보자.

통역사처럼 읽고 써라

기사나 책을 읽은 직후 떠오르는 내용을 한두 문장으로 정리해 본다. 처음엔 짧고 단순한 문장으로 시작해도 좋다. 읽은 내용을 기억에 의존해 쓰는 이 연습은 기억력, 문장 구성력, 자기 표현 능력을 동시에 키운다.

이 방식은 통역사들도 훈련하는 방법이다. 다만, 통역사들은 기사 전체를 100퍼센트 복원할 때까지 훈련할 정도로 강도가 높다. 일반 학습자는 이 훈련을 토대로 하되, 각자 상황에 맞게 유연하게 활용해 보자. 이 훈련은 읽을 때, 쓸 때 외국어에 최대한 집중하게 해주는 장점이 있다.

본 즉시 써라

책, 뉴스, 영상 등을 본 직후 새로운 표현 한두 개를 활용해 두세 줄만 써보자. 중급자는 내용을 요약하거나 간단한 감상도 덧붙인다.

이 훈련은 쓰기 실력은 물론 읽기와 듣기 집중도까지 함께 끌어올린다. '이따가 써야 하니까 잘 봐야지' 하는 생각 자체가 모든 언어 활동의 연결고리가 된다.

피드백을 받아라

피드백이 없으면 발전이 없다. 수학 문제를 풀고 정답을 확인하지 않는 것과 같다. 진짜 성장은 수정하는 과정에서 나온다. 이제는 피드백 도구도 쉽게 사용할 수 있다. AI를 활용해 틀린 표현을 점검하고, 수정된 문장을 바탕으로 다시 써보자. 오답 노트처럼 기록하면 반복 학습 효과도 커진다.

AI를 내 언어 코치로 만드는 5가지 비법

지금 우리는 언어 학습 역사상 가장 강력한 도구를 손에 쥐고 있다. 언제 어디서든, 원하는 주제로, 원하는 속도로 연습할 수 있는 개인 교사가 생겼다. 예전 같으면 원어민 교사에게 비싼 돈을 내고서야 가능했던 피드백과 훈련을 이제는 누구나 일상 속에서 활용할 수 있다.

문제는 이 도구를 얼마나 자신의 언어 학습 흐름에 맞게 활용하느냐다. AI는 단순한 사전이나 번역기가 아니라 학습자의 수준·목표·관심사에 따라 언어 코치, 대화 파트너, 첨삭 교사, 학습 설계자 역할까지 맡길 수 있는 도구다.

챗지피티, 제미나이 같은 AI 도구는 크게 다섯 가지 핵심 기능으로 활용할 수 있다.

①내 수준에 맞춰 텍스트를 각색하라

언어 학습의 출발점은 '이해 가능한 입력'이다. 대부분 외국어 콘텐츠는 학습자와 난이도 간극이 있어서 신문 기사, 소설 등 원문을 학습 자료로 활용하기 어려운 경우가 많다. AI는 이 빈 연결고리를 메워주는 최고의 조수다. 기사나 원서 내용을 학습자 맞춤형으로 각색하여 활용해 보자. 이때 구체적인 지침을 줄수록 학습자 맞춤형 콘텐츠로 각색된다. 유럽연합 소속 국가들은 언어 수준을 A1(초급), A2, B1, B2, C1, C2(원어민 수준) 등 6단계로 나누는데, 자신의 수준에 맞는 단계를 주면 학습용 텍스트가 바로 생산된다. 일본어나 중국어 학습자의 경우 일본어 능력시험이나 중국어 능력시험 급수를 활용해도 좋다.

필요에 따라 자신의 수준의 맞게 바꿔 달라는 명령을 할
수도 있다.

프랑스 〈르몽드〉에 등장한 칼럼 중 일부이다. 초급인 A2 수준에서 어려운 단어와 표현들이 많아서 챗지피티에 좀 더 쉬운 글루 고쳐달라고 요청했다.

✎ A2 수준으로 쉽게 고친 문장

La guerre entre les États-Unis, Israël et l'Iran continue depuis trois semaines.
Au début, on pensait que la guerre serait courte et limitée.
On pensait aussi qu'elle n'aurait pas de grands effets sur le marché mondial de l'énergie.
Mais maintenant, cette idée n'est plus correcte.   *Boursorama*

이 글은 위 칼럼을 챗지피티가 초급자 수준에 맞게 각색해 준 결과다.

같은 내용을 어떤 방식으로 공부할지에 따라 다르게 써달
라고 요청할 수 있다. 프롬프트는 다음과 같이 한글로 쓰고, 결
과물은 학습 언어로 받는다.

- "이 내용을 1인칭 경험담처럼 다시 써줘."
- "이 문장을 따라 말하기 좋게 리듬을 살려 짧은 문장
  들로 바꿔줘."

- "이 문장을 의미 단위로 끊어서 용법과 함께 설명해 주되, 꼭 알아야 할 핵심 패턴 3개를 만들어줘."

> 🚀 **A2 학습자가 꼭 알아야 할 표현 3가지**
>
> 1. **au début**
>   - 🖐 의미: 처음에
>   - 🖐 예: Au début, on pensait que la guerre serait courte.
> 2. **on pensait que ~**
>   - 🖐 의미: 사람들은 ~라고 생각했다
>   - 🖐 예: On pensait que ce serait facile.
> 3. **n'est plus ~**
>   - 🖐 의미: 더 이상 ~이 아니다
>   - 🖐 예: Cette idée n'est plus correcte.

앞의 칼럼에서 초급자가 꼭 알아야 할 숙어나 관용어구 3개를 골라달라는 사용자의 요청에 챗지피티가 응답한 결과다.

무조건 입력을 많이 한다고 언어 실력이 저절로 늘진 않는다. 반대로 이해 가능한 입력이 꾸준히 쌓이면 언어는 '지식'에서 '감각'으로 바뀐다. AI는 그 축적이 가능해지도록 매번 입력의 난이도를 학습자 맞춤형으로 조정해 줄 수 있다.

② 말하기와 쓰기를 AI로 끌어내라

언어 실력은 쓰고 말하면서 성장한다. AI는 말하기와 쓰기 훈련 장벽을 크게 낮춰준다. 가장 효과적인 방법은 '역할 부여'다. 음성 대화 기능을 사용하면 실제 회화와 거의 비슷한 환경

을 만들 수 있다. 내 발음을 원어민이 얼마나 이해할 수 있는지
도 바로 확인할 수 있다.

- "지금부터 너는 프랑스어 회화 선생님이야. 식당 주
  문 상황 역할극을 시작하자. 네가 식당 손님 안내부
  터 요리 주문, 마지막 계산까지 전 단계에서 일어나
  는 질문을 해줘. 난 손님으로 대답할게."
- "나는 호텔 체크인하려는 손님이야. 질문을 자연스럽
  게 이어가 줘."

쓰기 연습도 마찬가지다. 주어, 동사, 목적어만 있는 아주
짧은 문장부터 쓰고 AI에 피드백을 요청해 보자.

- "내 글이 중급자 수준으로 자연스러운지 확인해 줘."
- "같은 의미를 상급자 수준의 더 간단한 표현으로 바
  꿔줘."

이어서 AI가 보여준 결과물과 자신이 쓴 글을 비교해 보
자. 이 과정이 실력을 한 단계 더 높여준다.
또는 뉴스나 책을 읽고 AI에 다음처럼 요청해 보자.

• "이 내용을 대화체로 바꿔서 요약해 줘."

뉴스나 책의 평서문을 다른 형식으로 바꿔달라고 요청할 수 있다.

중고급자의 경우 언어의 뉘앙스를 원어민스럽게 세심하게 다듬고 싶어 한다. "너의 발표가 너무 짧다"라는 다소 직설적인 표현을 공손함의 단계에 따라 어떻게 표현할 수 있는지를 물었다. 기본적인 완곡 표현부터 가장 예의 바른 표현까지 단계적으로 답을 제시한다.

챗지피티가 사용자의 요청에 따라 영어 원어민이 구사하는 완곡어법을 정확하게 단계적으로 보여주는 결과다.

이처럼 AI를 활용하면 글의 형식이나 원하는 학습 목적에 따라 한 콘텐츠를 다양하게 배울 수 있다.

③틀린 곳을 바로잡고, 약점을 개선하라.

원어민에게 첨삭을 받는 것은 비용이 많이 들고, 기회도 많지 않다. AI는 이 부분을 사실상 완전히 대체해 준다. 이렇게 프롬프트를 넣으면 첨삭은 물론 약점까지 개선할 수 있다.

- "이 문장에서 오류를 고쳐주고, 왜 틀렸는지도 설명해 줘."
- "이 글을 고급자 수준의 스타일로 수정해 주고, 원래 글과 수정된 글의 표현 차이를 설명해 줘."

피드백의 핵심은 이해와 반복이다. AI는 학습자의 문장을 고치고 그 이유를 설명해 주며, 요구에 따라 같은 구조로 다른 예문도 제시한다. 학습자는 그 패턴을 '내 것'으로 만드는 연습에 주력하면 좋다. 모방하면서 익숙해지고, 자신의 고유한 스타일을 찾는 과정이다.

다만 학습자 스스로 먼저 시도하고 AI에 피드백을 받아야 한다. 스스로 시도해 보는 이 과정이 공부의 효율을 비약적으

　COURSE Ⅲ　훈련　읽듣쓰말 근육을 키워라

로 높여준다.

④ 반복을 시스템화하라

언어는 사용하지 않으면 금방 잊는다. 특히 초급자일수록 한 번 배웠다고 끝이 아니다. 유지와 복습 시스템이 필요하다. AI에 이렇게 요청해 보자.

- "오늘 배운 표현으로 빈칸 문제 5개 만들어줘."
- "이 표현 5개를 활용하여 내가 답할 수 있도록 가상 상황의 질문 5개를 던져줘."
- "오늘 배운 표현 중 실제 대화에서 사용 가능한 핵심 표현만 별도로 뽑아줘."

복습 자동화를 위해 AI에 학습 기간별로 폴더를 만들면 유용하다. 가령 '3월'이라고 이름을 붙인 폴더를 만들고, 3월에 한 학습은 이 폴더에서 지시도 하고 질문도 하여 데이터를 축적하는 식이다. 이렇게 하면 보다 효과적인 복습 시스템이 만들어진다.

⑤ 학습 방향과 전략 수립에 AI를 활용하라

학습 의지가 강력해도 이 언어를 배우려는 목적이나 방향을 잃으면 학습 중단이나 포기로 이어진다. 하루 20분이든 주 세 시간이든, '지금 무엇을 해야 하는지'가 명확해야 학습은 지속된다. AI는 단순한 언어 도구를 넘어, 언어 코치이자 학습 설계자의 역할까지 맡을 수 있다. 이렇게 요청해 보자.

- "내 영어 수준은 현재 중급사야. 3개월 안에 회화력을 올리고 싶어. 하루 한 시간 정도 집중 학습이 가능해. 지하철을 타는 왕복 한 시간이라는 조건에 맞는 학습 로드맵을 만들어줘."
- "아침 출근 직전에 여유 시간이 있어. 내 생활 패턴에 맞는 하루 20분 학습 루틴을 설계해 줘."
- "하루 30분 일본어 공부 루틴을 짜주되, 유튜브 활용을 포함해 줘."
- "내가 최근 했던 연습을 분석해서 강점과 약점을 요약하고, 실력 상승을 위한 다음 단계 계획을 제안해 줘."
- "최근 학습 동기가 떨어지고 있어. 달성 가능한 짧은 목표 세 가지만 다시 추천해 줘."

AI는 학습자를 위한 24시간 개인 코치다. 하지만 어떻게 사용하느냐에 따라 단순한 사전 대용으로 끝날 수도 있고, 학습자 맞춤형 최고의 언어 파트너가 될 수도 있다. 핵심은 두 가지다.

첫째, 학습자가 처한 상황과 목표를 구체적으로 설명하고 해결 방법을 요청하라. 둘째, 생각은 반드시 스스로 먼저 하고, AI는 피드백과 보조 역할로 활용하라. 이 두 가지 원칙만 지킨다면 AI는 학습자 목표와 수준에 맞춰 끊임없이 조정되는 최고의 언어 학습 도구가 된다.

Special Key 

AI 활용의 5가지 핵심 영역

- **입력: 내 수준에 맞춰 텍스트를 각색하라**

  ㉾ "이 표현을 초급 수준의 구어체 문장으로 바꿔줘."
  "오늘 배운 단어 10개로 중급 수준의 짧은 이야기를 써줘."

- **출력: 말하기와 쓰기를 AI와 훈련하라**

  ㉾ "너는 프랑스어 회화 선생님이야. 식당 주문 역할극을

시작해 줘."

"이 내용을 대화체로 바꿔줘."

• 피드백: 틀린 곳을 바로잡고, 약점을 보강하라

㉐ "이 문장에서 틀린 부분과 이유를 설명해 줘."

"이 글을 고급 수준으로 고쳐주고 차이를 알려줘."

• 반복: 복습을 시스템화하라

㉐ "오늘 배운 표현으로 빈칸 문제 5개 만들어 줘."

"이 표현을 쓰게 만드는 질문 5개를 하나씩 해줘."

"이번 주 학습 핵심 TOP 5만 정리해 줘."

• 학습 전략: 학습 방향과 전략 수립에 활용하라

㉐ "내 수준은 B1이야. 하루 1시간 3개월 학습 로드맵을 만들어줘."

"출근 전 20분 가능한 하루 루틴을 설계해 줘."

"최근 연습을 분석해서 강점·약점, 다음 단계를 제안해 줘."

⬆Level Up 실전 적용

STEP 1 | 자유 초안 작성

사전이나 번역기 없이 오직 내 머릿속에 있는 표현만으로 3문장을 써 보아라. 단, 모르는 단어는 한국어로 대체하거나 빈칸으로 남겨두고 끝까지 쓰는 것이 핵심이다.

1. ____

2. ____

3. ____

STEP 2 | 보충 및 다듬기

이제 사전이나 번역기를 활용해 STEP 1에서 한국어로 대체했거나 비워두었던 빈칸을 채우고 문장을 완성해 보아라.

• 새롭게 찾아낸 단어, 표현:

_______________ , _______________ , _______________

AI 피드백 및 다시 쓰기

챗지피티 등 AI 도구에 내 문장을 검토받고, 교정된 결과를 바탕으로 최종 문장을 정성껏 다시 써보아라. 이 과정이 나의 진짜 실력이 된다.

최종 교정 문장

1. ______________________________

   ____

2. ______________________________

   ____

3. ______________________________

   ____

억지로 외우지 않아도 각인되는 암기의 기술

외국어 학습에서 가장 중요한 요소를 하나 꼽으라면 단어다. 문법을 완벽히 몰라도 단어만 알면 일상 대화 대부분을 이해할 수 있다. 게다가 단어는 '의사소통의 최소 단위'이기 때문에 단어 실력은 곧 언어 실력이다. 원리대로라면 많이 읽고, 많이 들으면 단어 실력은 자연스럽게 늘어난다. 그럼에도 단어 습득의 효율적인 방법은 있다.

단어가 단순한 '정보'일 때는 힘이 없다. '경험'이 될 때 생생하게 기억할 수 있다. 뜻만 외우는 단어는 빠르게 잊히지만, 맥락·소리·감정·사용 경험과 연결된 단어는 오래 남는다. 예문 없이 외운 단어 10개는 예문 속에서 익힌 단어 한 개만 못하다.

맥락 속에서 배우라는 대원칙을 전제로 구체적 방법론을 살펴보자.

망각주기 반복 학습법

사람의 뇌는 새로운 정보를 시간이 지나면 반드시 잊어버리도록 설계되어 있다. 이는 19세기 심리학자 헤르만 에빙하우스Hermann Ebbinghaus가 정리한 망각 곡선에서 명확히 드러난다.

에빙하우스의 실험에 따르면 사람은 학습 20분 후 30퍼센트에서 45퍼센트, 하루가 지나면 50퍼센트에서 65퍼센트, 한 달 후에는 약 80퍼센트의 정보를 자연스럽게 잊어버린다. 즉, 복습하지 않으면 우리가 기억한다고 믿는 대부분의 정보는 매우 빠르게 사라진다.

하지만 '잊어버릴 무렵 다시 불러내는 행위(능동적 회상)active

 COURSE Ⅲ 훈련 읽듣쓰말 근육을 키워라

에빙하우스의 망각 곡선

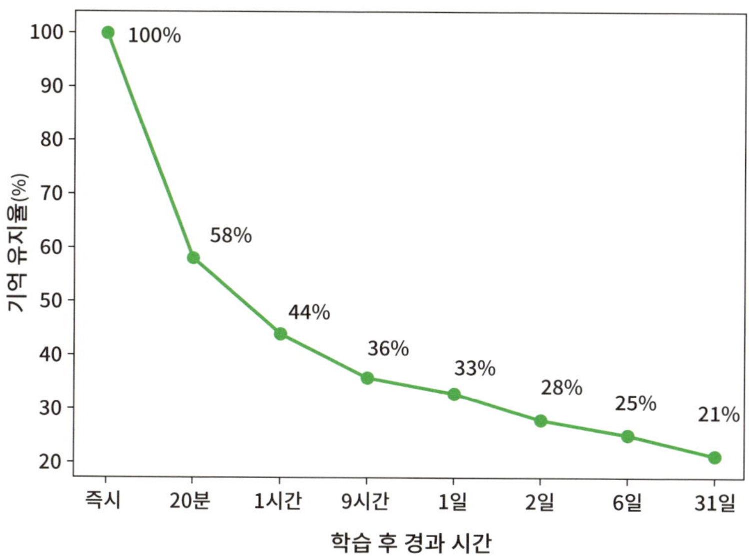

recall'를 반복하면 뇌는 그 정보를 중요한 정보로 간주하여 장기 기억으로 전환한다. 그리고 이를 반복할수록 망각 속도는 점점 느려지며, 기억이 단단히 고정된다.

이 원리가 '망각주기 반복 학습법 spaced repetition'이다. 이 이론을 활용하여 새로운 단어를 접하고 1일, 3일, 7일, 30일 주기로 단어를 다시 보면 단어를 잊지 않고 오래 기억할 수 있다.

어떻게 실천할까? 두 가지 방식이 있다.

① 디지털 도구

앙키와 퀴즈렛Quizlet은 일정 기간마다 단어를 반복 학습하게 해주는 학습 대표 도구다. 이들 도구는 망각 곡선 이론에 따라 단어를 잊기 직전에 다시 복습하게 도와주기 때문에 단어를 오래 기억하기 좋다. 단어만 저장하기보다 단어가 사용된 실제 예문 단위로 입력할 때 실제 회화나 글쓰기에서 사용하

앙키 사용 방법

왼쪽 화면의 '정답 보기'를 누르면 오른쪽에 학습자가 사전에 입력해 둔 정답이 보인다. 기존 단어 카드의 앞면, 뒷면이 컴퓨터나 스마트폰에서 구현된 기능이다. 오른쪽 맨 하단의 난이도 선택 결과에 따라 단어가 다시 보여지는 주기가 바뀐다. 나는 이탈리아어와 유사한 스페인어로 이탈리아어를 학습하였기 때문에 앱에서 이탈리아어와 스페인어가 나온 것이다.

기 좋다. 앙키로 하루 20개 단어씩 학습한다면 한 달에 600개 단어 습득을 할 수 있게 된다. 자투리 시간에 지하철에서, 버스 정류장에서 활용하기에 최적이다.

멤라이즈^{Memrise}는 망각 곡선에 기반한 반복적인 어휘 학습 기능은 물론 다양한 학습 프로그램을 제공한다. 문장과 단어를 영상으로 제시해 발음과 억양, 표정과 함께 익힐 수 있어

멤라이즈 사용 방법

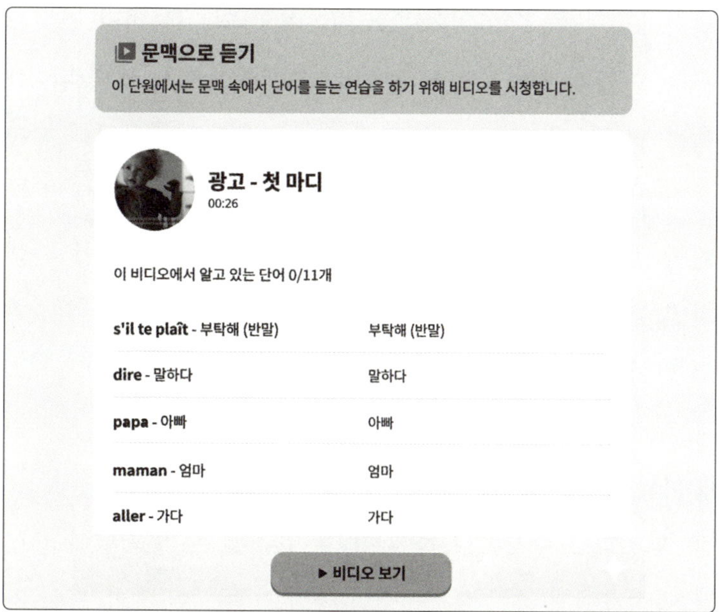

멤라이즈는 학습자가 자신의 수준에 맞는 짧은 영상을 보면서 맥락 속에서 새로운 단어와 표현을 익히도록 도와준다. 이외에도 상황별 대화를 통한 단어 익히기 등 맥락 기반 어휘 학습을 돕는다.

텍스트 기반 암기보다 더 생생하게 이미지와 연결하기 좋다.

이 앱들에서는 사용자가 외우려고 하는 단어를 입력하면 알고리즘이 자동으로 복습 타이밍을 제시한다. 학습자가 잘 기억하는 단어는 1주, 1개월, 3개월처럼 복습 간격이 길어지고, 잘 못 외우는 단어는 바로 다음 날 또는 당일 다시 나온다.

꾸준히 하면 수백·수천 단어가 자연스럽게 장기 기억에 남는다. 언어 학습자들이 최근 가장 선호하는 방식이다.

앙키 앱에 왼쪽 화면과 같이 학습할 이탈리아어 문장을 입력하고, 오른쪽 화면처럼 스페인어 번역문을 미리 입력해 둔다. 이탈리아어 문장을 보면서 스페인어로 말해본 뒤, 화면을 누르면 미리 입력해 둔 스페인어 번역문이 나타나 정답을 확인할 수 있다. 종이 단어 카드의 앞뒤 면을 디지털로 구현한 방식이다. 이후 '어려움' '좋음' '쉬움' 중 하나를 선택하면, 해당 결과에 따라 복습 주기가 자동으로 조정된다. 번역 언어는 한국어는 물론 다른 언어로 설정이 가능하다.

②아날로그 방식

디지털 도구를 활용하기보다는 손으로 쓰며 기억하고 싶은 학습자에게 특히 유리하다. 아날로그 방식은 크게 단어 카드와 노트 필기, 두 가지가 있다.

단어 카드는 카드 앞면에 단어와 예문, 뒷면에 그 뜻과 번역문을 써서 먼저 카드 앞면을 보고 뜻을 유추한 뒤, 뒷면을 보고 맞는지 확인하는 것을 주기적으로 반복하는 방식이다. 휴대가 편하다는 이점이 있다. 노트 필기 방식은 페이지 위쪽에 학습 일자와 복습 일자를 적고, 페이지를 세로로 반 접는다.

왼쪽에는 오늘 배운 단어와 예문을, 오른쪽에는 그 뜻을 적는다. 복습 일자가 되면 오른쪽을 가리고 왼쪽만 보며 뜻을 떠올려본 뒤, 접힌 부분을 펼쳐 확인한다.

6.16 lunedì → 6.17 → 6.22 → 7.1	
Bere il caffè fuori una o due volta costa quanto una confezione di caffè macinato	밖에서 1~2번 커피 마시는 게 가격하고 분쇄커피 봉지 하나 하고 값이
I chicchi di caffè appena tostati hanno un profumo fantastico	갓볶은 커피 원두는 향이 그 뭣해
Voglio vedere il mare.	바다 보고 싶다
Mi fai vedere le foto?	나 사진 보여줘?
Hai visto quel film?	그 영화 봤어?

6월 16일이 학습일이고, 6월 17일과 6월 22일, 7월 1일은 순서대로 복습해야 할 날짜를 적어두었다. 노트의 페이지를 세로로 반 접어서 왼쪽은 이탈리아어, 오른쪽은 한국어로 그 의미를 쓰고, 간격을 두고 복습했다.

단어는 효율적으로 늘려가야 한다. 파레토 법칙이 단어에도 적용된다. 20퍼센트의 유용한 단어가 일상의 80퍼센트 상황에서 활용된다.

첫째, 고빈도 단어부터 익히자. 통상 300개 단어를 알면 일상 대화의 50퍼센트를 이해한다. 650개 단어를 익히면 일상 대화가 상당 부분 가능하다. 사용 빈도가 높은 상위 1,000개 단어를 익히면 뉴스 내용 85퍼센트가량을 이해할 수 있다. 3,000개 단어 수준이면 거의 모든 일상 대화가 가능해진다.

둘째, 동사를 우선 학습하라. 동사는 문장에서 '행동'이나 '상태'를 나타내는 중심 요소이기 때문이다. 예를 들어 'get'이라는 단어 하나로도 get up, get ready, get along 등 수많은 표현을 만들 수 있다.

셋째, 자신과의 관련성이다. 학습자의 직업, 취미, 관심사 관련 단어는 사용할 확률이 높다. 예를 들어 dental technician이라는 표현은 일반 학습자에게는 낯설 수 있지만, 치과기공사가 직업인 학습자에게는 초급 단계에서도 반드시 익혀야 할 단어다. 이러한 기준은 문화적 맥락에도 적용된다. 예를 들어 영어 표현 fermented food(발효 식품)는 한국인 학습자 모두에게 중요하다. 외국인과 대화할 때 김치, 된장, 고추장 같은 한국 전통 음식에 대해 자주 이야기할 수 있기 때문이다.

낯선 단어를 마주할 때의 실용적 기준도 필요하다. 나의 경우 "앞으로 한 달 안에 쓸까?" "3개월 안에 실제로 말할 기회가 있을까?" 자문하고 "아니오"라면 과감히 넘어간다. 1년에 한 번 쓸까 말까한 단어를 많이 아는 것보다, 바로 쓸 수 있는 단어 몇 개가 더 중요하다.

엉뚱하고 생생한 이미지로 기억하라

연상기억법은 고대 그리스 시대부터 사용되었다. 생소하고 무의미하게 느껴지는 단어를 기억할 때, 엉뚱하고 인상적인 이미지를 덧붙이면 놀라운 효과를 낸다. 의미 없이 외우려 하면 금방 잊지만, 재미있고 감각적인 이미지가 덧붙는 순간 뇌는 그 단어를 특별한 정보로 인식한다.

예를 들어 스페인어로 '구름'은 'nube(누베)'다. 이 단어가 잘 떠오르지 않는다면, '베개에 누워 있는 모습'을 떠올린다. 이어서 '하늘 위에 누워 있는 베개 같은 구름'이라는 이미지를 그려본다. 조금 더 난이도가 높은 단어를 보자. 'omnipotent(옴니포

텐트)'는 '전지전능한'이라는 추상적 개념이라 외우기 쉽지 않다. 그런데, '엄니 요리 포텐 터진다' 같은 식으로 익히면 쉽다. 다음 중국어, 독일어, 프랑스어, 일어 단어에 연상기억법 적용 예시에서 보듯, 모든 학습 언어에서 활용할 수 있다.

<h2 style="text-align:center">연상기억법 예시</h2>

단어(발음)	뜻	연상 기억 방법
蝴蝶(후디에) [húdlé]	나비	**후드**티의 모자를 떼어 나비채를 만들어 **나비** 잡는 모습.
koffer(코퍼) ['kɔ.fe]	여행 가방	**코를 파다가 여행 가방**에 코피가 줄줄 흐르는 모습.
chat(샤) [ʃa]	고양이	내 **샤**넬 가방을 찢고 있는 **고양이** 모습.
かぎ(카기) (kagi)	열쇠	밖에 **가기** 전에 **열쇠**를 꼭 챙기는 모습.

다만, 매 단어마다 무리해서 이미지 연결을 하려고 하면 오히려 학습이 부담스러워질 수 있다. 그러나 잘만 사용한다면 자신만의 연상 스타일이 생기고, 단어를 암기하는 속도와 유지력 모두 향상된다.

하나의 단어를 중심으로 관련 표현을 확장해 보자. 이 방법은 단어를 단순히 기억하는 데 그치지 않고, 실제 상황에서 표현력도 키워준다.

모두가 아는 영어 단어 gold(금)를 바탕으로 연관된 표현을 찾아보자.

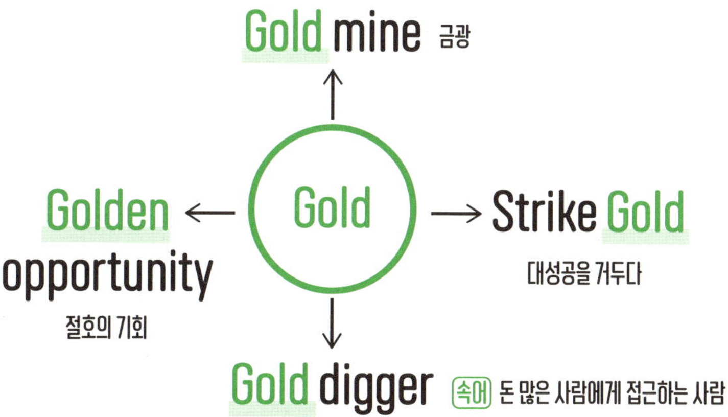

비슷하게, light(빛, 가볍다)라는 단어도 여러 가지로 확장할 수 있다.

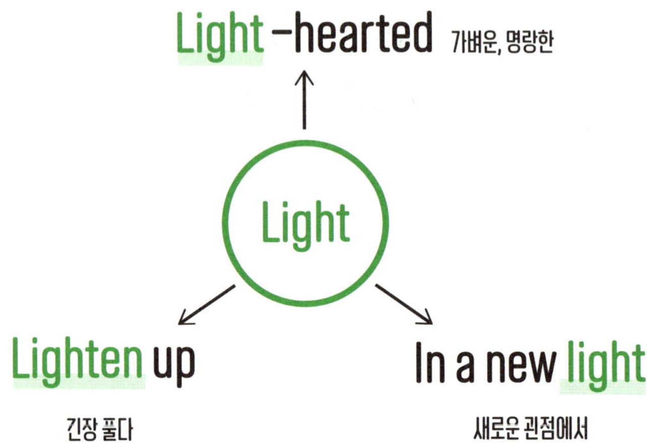

동일한 어근을 활용해서 단어를 확장하는 방법도 있다. 항구를 뜻하는 port는 원래 '나르다' 는 의미를 갖고 있는데 다음 표와 같이 한꺼번에 다양한 단어를 습득할 수 있다.

어원을 통한 단어 확장

단어	의미	어원을 통한 의미 연상
passport	여권	항구(port)를 통과(pass)할 수 있는 것.
transport	운반하다	한 지점에서 다른 지점으로 나르는(trans) 것.
import	수입하다	항구 안(im, in)으로 들여오는 것.
export	수출하다	항구 밖으로(ex, out) 내보내는 것.

이처럼 단어를 거미줄처럼 확장하면, 단어 하나가 표현력 전체를 넓히는 발판이 된다.

새 단어는 사용해야 내 것이 된다

외운 단어는 24시간 안에 문장으로 말하거나 적어보자. SNS에 짧은 글을 올리거나, 언어 교환 파트너에게 채팅을 보내보자. 생활 속에서도 단어를 마주치게 만들어라. 휴대폰 언어를 한국어 대신 학습 언어로 설정을 바꾸거나, 집 안 물건에 학습 언어로 라벨을 붙이는 식이다. 단어는 출력과 노출의 반복 속에서 살아남는다. 배운 단어가 뉴스·영상·대화에서 다시 나타날 때마다, 기억은 더 단단해진다.

이 책에서는 문법 공부 요령은 자세히 다루지 않는다. 다만 한 가지는 분명히 짚고 싶다. 문법보다 먼저 단어의 의미가 중요하다는 점이다. 모든 문법을 다 익힌 뒤에야 말하기를 시작할 필요는 없다. 운전을 배울 때 도로교통법 전체를 외우지 않는 것처럼, 외국어도 꼭 필요한 기본 규칙만 알면 바로 써보면서 배워도 된다.

처음에는 자잘한 규칙을 모두 외우기보다, 이 외국어가 대체로 어떤 어순과 방식으로 문장을 만드는지부터 파악하자. 나머지 규칙들은 그때그때 필요에 따라 퍼즐 맞추듯 채워 넣어도 충분하다. 그래야 학습에 속도가 붙고, 문법 때문에 말을 못하고 멈추는 일이 줄어든다.

1. 망각주기 반복 학습법

뇌는 복습하지 않으면 한 달 후 약 80%를 잊는다. '잊힐 무렵 다시 불러내는 행위(능동 회상)'를 반복하여 단어를 장기 기억으로 전환한다.

- **디지털 방식:** 알고리즘이 복습 타이밍을 정해주는 앱(앙키, 퀴즈렛) 활용.

- **아날로그 방식:** 카드(앞면: 단어·예문, 뒷면: 뜻)나 노트를 활용해 복습 주기를 관리한다.

2. 효율적인 단어 선택 기준

단어는 무작정 외우지 말고 전략적으로 늘려가야 한다.

구분	학습 전략
개수별 목표	300단어(일상 50% 이해) → 1,000단어(뉴스 85% 이해) → 3,000단어(일반 대화 가능).

품사 우선순위	문장의 중심인 '동사'를 가장 먼저 학습한다.
자기 관련성	나의 직업, 취미, 관심사와 관련된 단어부터 익힌다.
실용적 자문	"한 달 안에 쓸까?" "3개월 안에 말할 기회가 있을까?" 묻고 그렇다면 학습한다.

3. 연상 기억법(이미지 연결)

학습 단어에 엉뚱하고 인상적인 이미지를 덧붙여 뇌가 특별한 정보로 인식하게 만든다.

- nube(스페인어/구름): '누'워서 '베'는 '베개' 같은 구름.

- koffer(독일어/가방): 여행 '가방'에 '코피'가 흐르는 장면.

- かぎ(일본어/열쇠): 밖에 '가기' 전에 챙기는 '열쇠'.

4. 거미줄 확장법(어원과 연관성)

단어 하나를 중심으로 관련 표현과 어원을 엮어 표현력을 넓힌다.

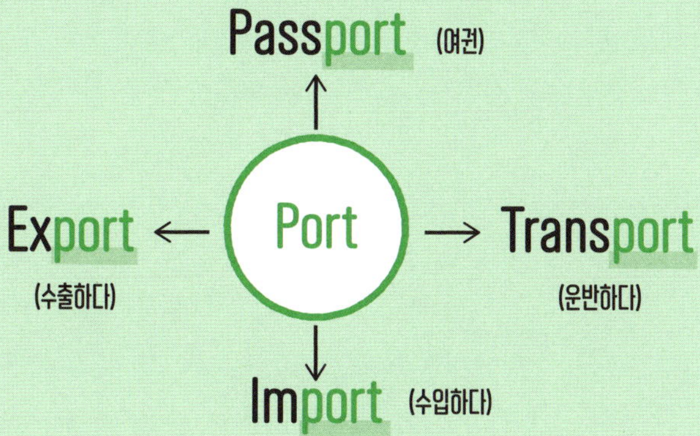

5. 실전 사용과 노출

외운 단어는 24시간 안에 문장으로 말하거나 적어보아야 내 것이 된다.

- **출력**: SNS 글쓰기, 채팅, 혼잣말에 배운 단어를 사용한다.

- **노출**: 휴대폰 언어 설정 변경, 집 안 물건에 라벨 붙이기 등 학습 언어로 생활 환경을 만든다.

학습 언어: _______________   공부한 날: _________ . _________ .

STEP 1 | 망각을 이기는 '능동적 회상' 플랜

사람의 뇌는 학습 한 달 후 약 80%의 정보를 잊어버리도록 설계되어 있다. '잊어버릴 무렵 다시 불러내는 행위'를 통해 단어를 장기 기억으로 전환한다.

- **나의 복습 도구**(택 1)

  ☐ **디지털:** 앙키 또는 퀴즈렛

  ☐ **아날로그:** 단어 카드 또는 복습 주기 기록 노트

- **복습 주기 체크리스트** (학습일:　　　월　　　일)

  ☐ **1일 후:** 첫 번째 복습(장기 기억 전환의 시작)

  ☐ **3일 후:** 망각 속도가 느려지는 시점

  ☐ **7일 후:** 기억을 더 단단히 고정

  ☐ **30일 후:** 장기 기억 저장 완료

전략적 단어 필터링

모든 단어를 외우는 것은 비효율적이다. 유용한 20%의 단어가 80%의 상황에서 활용된다. 다음 도표는 초급자 기준이다. 중급자의 경우 단어가 어떻게 쓰이는지(자주 쓰이는 표현 뭉치 학습), 고급자의 경우 깊이와 뉘앙스 조절을 중심으로 학습 전략을 세우면 좋다.

오늘 배운 단어	핵심 동사인가?	나와 관련이 있는가?	나와 관련이 있는가?
(예)Port	(O)	(O)	(O) → 습득 대상!

단어에 거미줄 치기

생소한 단어에 엉뚱하고 인상적인 이미지를 덧붙이거나 어원을 통해 확장한다.

- **이미지 연상법:** (예) nube – 하늘 위에 누워 있는 베개 같은 구름

  단어: ＿＿＿＿＿＿ / 이미지: ＿＿＿＿＿＿＿＿＿＿

- **어원/표현 거미줄 치기:** (예) port – passport, import, export

  단어: ＿＿＿＿＿＿ / 이미지: ＿＿＿＿＿＿＿＿＿＿

치트키

독학 비밀 병기:
AI, 앱, OTT 200% 활용법

외국어 실력을 키우는 가장 직접적인 방법은 많이 읽고 많이 듣는 것이다. 그러나 실제로는 두 가지 큰 문제가 학습을 방해한다. 하나는 지루함, 또 하나는 난이도다. 교재에 나온 지문만 반복하다 보면 흥미가 쉽게 떨어지고, 반대로 실제 기사나 영상은 초·중급 학습자에게 너무 어렵다. 이 두 벽 사이에서 우리는 방향을 잃고 지치게 된다.

지금은 이 문제를 해결해 주는 디지털 도구들이 다양하게 마련되어 있다. 이 도구들은 단순한 앱이 아니라, 학습자가 자신의 수준에서 이해 가능한 입력을 만들 수 있도록 돕는다. 이는 언어학자 스티븐 크라센Stephen Krashen이 제시한 개념으로 사전 없이도 맥락을 통해 대략의 내용을 파악할 수 있는 수준의 책이나 영상을 접할 때 외국어 실력이 가장 효과적으로 향상된다는 이론이다. 가령 '먹어요'라는 단어만 아는 외국인에게 사과를 건네며 '사과를 먹어요'라고 말하면 상대는 직관적으로 사과의 의미를 습득하게 되는 것과 같다.

그 중에서도 실전에서 효과가 검증된 대표적인 도구들을 살펴보고자 한다.

공짜로 즐기는 방구석 어학연수: 링큐 ~ 테드

① 링큐, 리드랑

링큐LingQ는 이해 가능한 입력을 구현하기 위해 가장 잘 설계된 도구 중 하나다. 이해 가능한 입력의 출발점은 학습자 수준에 맞는 콘텐츠를 찾는 것인데, 이 지점이 늘 큰 부담이 된다. 링큐는 이 수고를 상당 부분 덜어준다. 플랫폼 안에서 자신의 수준과 흥미에 맞는 다양한 자료를 쉽게 찾을 수 있기 때문이다.

모르는 단어는 클릭하는 즉시 저장되고, 읽는 과정 전체가 자연스럽게 나만의 '어휘 데이터베이스'로 축적된다. 뉴스, 소설, 블로그, 자막 등 원하는 텍스트를 직접 가져와 읽기와 듣기를 동시에 진행할 수도 있다. 흥미·난이도 조절·반복이라는 세 조건이 한 번에 충족되는 셈이다. 나 역시 이탈리아어와 프랑스어 학습 과정에서 링큐 덕을 톡톡히 봤다. 특히, '읽기'가 언어 실력 향상의 핵심 도구라는 것을 몸소 확인하게 됐다.

리드랑Readlang은 인터넷 웹 브라우저에서 가볍게 사용할 수 있는 읽기 도구다. 화면에 띄워진 학습 언어 텍스트에서 모르는 단어를 클릭하면 즉시 뜻이 나타나고, 단어도 자동으로 저장할 수 있다. 읽는 흐름을 끊지 않고 의미를 파악할 수 있어 초·중급 학습자가 편하게 활용할 수 있다. 리드랑 같은 브라우저 기반 도구들은 인터넷상의 어떤 텍스트도 사전 없이 읽을 수 있도록 도와준다.

링큐 사용 방법

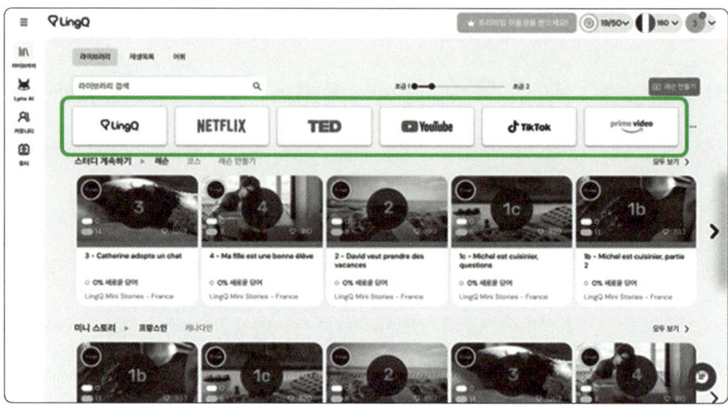

링큐 첫 화면이다. 내 학습 언어 수준에 맞는 콘텐츠가 다양하게 있어서 관심 있는 콘텐츠를 선택하여 읽고, 보고, 들을 수 있다. 넷플릭스, 테드, 유튜브 등 영상도 링큐 플랫폼에 가져와서 즐길 수 있는데, 초급자들에게는 5분 안에 읽을 수 있는 '미니 스토리'가 유용하다.

링큐 미니 스토리 화면

왼쪽엔 학습자가 읽는 글이 표기되고, 모르는 단어를 눌렀을 때 오른쪽에 의미가 표시된다. 화면 아래쪽에 소리 듣기, 단어장 등 다양한 버튼이 있어서 학습자가 사전 찾기나 단어장 만들기 등의 노력할 필요 없이 어떤 언어든 쉽게 학습할 수 있다.

리드랑은 구글 크롬 확장 프로그램을 설치해서 사용하는데, 이 사진에서 보듯 중국어 사이트에서 모르는 단어를 클릭하면 성조와 한국어 의미를 바로 보여준다. 링큐와 마찬가지로 단어 찾기 등의 부담 없이 학습 언어에 몰입하게 도와준다.

②이지 랭귀지, 랭귀지 리액터, 테드

유튜브나 넷플릭스 같은 영상 플랫폼은 본래 외국어 학습을 목적으로 만들어진 것은 아니다. 재미와 몰입도는 높지만, 그대로 소비할 경우 언어 학습, 특히 습득으로 자연스럽게 이어지기 어렵다. 다만 적절한 도구를 함께 사용하면 평소 보던 영상이 학습자 수준에 맞춘 입력 자료로 전환될 수 있다. 다음에 소개하는 도구들은 같은 영상이라도 학습 단계와 목적에 따라 이런 영상들을 학습 언어로 바꿔준다.

랭귀지 리액터Language Reactor는 넷플릭스와 유튜브 영상

랭귀지 리액터 사용 방법

웹에서 랭귀지 리액터를 설치하여 유튜브나 넷플릭스 등 영상을 볼 경우 이 화면과 같이 학습 언어와 번역 언어를 동시에 보여준다. 두 개 언어를 PDF로 다운받을 수도 있고, 특정 구간을 반복하여 소리를 따라할 수 있는 등 다양한 부가 기능이 있다.

을 언어 자료로 전환해 주는 웹 기반 확장 프로그램이다. 학습 언어와 모국어가 함께 표시되는 이중 자막을 제공하고, 자막 속 단어를 클릭하면 뜻·발음·예문을 바로 확인할 수 있다. 재생 속도 조절과 특정 구간 반복 기능도 지원해 이해가 부족한 장면을 집중적으로 다시 볼 수 있다. 문장을 저장해 두었다가 복습하는 것도 가능하다. 영상을 이해 가능한 입력은 물론 발음 연습까지 할 수 있게 해주므로 영상 기반 학습을 시작하려는 학습자에게 꼭 필요한 도구다.

링고파이Lingopie는 드라마와 영화를 언어 학습용으로 활용할 수 있게 설계된 플랫폼이다. 자막을 클릭하면 단어와 표현의 의미를 확인할 수 있고, 자주 쓰이는 표현은 자동으로 저장된다. 몰입과 반복을 자연스럽게 연결해 주는 영상형 입력 도구로 긴 호흡의 콘텐츠를 활용해 언어 노출량을 늘리고 싶은 학습자에게 적합하다.

이지 랭귀지Easy Languages는 16개 언어를 거리 인터뷰 형식으로 실제 사람들이 사용하는 구어체를 보여주는 유튜브 채널이다. 학습 언어 자막과 영어 자막이 함께 제공되어 교과서 표현이 아닌 살아 있는 표현을 접할 수 있다. 기본적인 어휘와 어순에 대한 감이 잡혀 영상 속 문장을 대략적으로 따라갈 수 있는 시점에 활용하면 영상 기반 입력을 시작하기에 부담이 적다.

테드는 학습용으로 설계된 도구는 아니지만, 짧고 정제된 언어를 뇌에 입력할 수 있는 콘텐츠 플랫폼이다. 영어를 비롯해 스페인어, 프랑스어, 이탈리아어 등 다양한 언어의 발표 영상을 접할 수 있다. 중급자 이상 학습자가 활용하기에 적합하며, 섀도잉은 물론 양방향 번역 연습을 통해 표현력과 유창성을 극대화해 보자.

공영방송 플랫폼은 처음부터 학습자를 염두에 두고 체계적으로 기획된 콘텐츠를 제공한다. 난이도, 속도, 주제 구성이 안정적이고 신뢰도가 높다. 뉴스, 기초 회화, 문화 콘텐츠, 단계별 학습 코스 등 학습 난이도와 방향을 잡는 데 도움이 된다.

　무엇보다 고품질의 교육 콘텐츠 전체를 무료로 이용할 수 있고, 특히 초·중급 학습자가 꾸준히 학습 루틴을 만들기에 적합하다. 구조화된 체계적 학습을 선호하는 학습자에게 안성맞춤이다. 프랑스 방송사 tv5monde에서 방영하는 〈apprendre le francasis〉나 이탈리아 방송사 RAI Scuola에서 방영하는 〈Italiano per stranieri〉, 일본 방송사 NHK World에서 방영하는 〈Easy Japanese〉, 중국 방송사 CCTV에서 방영하는 〈CCTV Learn Chinese〉, 이외에도 유로뉴스Euronews, 도이체 벨레Deutsche Welle, BBC, 프랑스24 뉴스 등은 다양한 언어를 학습하기에 편리하다.

<h1 align="center">tv5monde 사용 방법</h1>

tv5monde는 초급부터 고급까지 시청각 자료를 체계적으로 제공한다. 필터 기능을 활용해 다양한 주제별 학습 자료를 탐색할 수 있으며, 프랑스 현지인들의 살아 있는 표현을 학습 자료로 담아 생생하고 흥미로운 학습이 가능하다.

<h2 align="center">교과서엔 없는 진짜 발음:
유글리시~ 화상 회화</h2>

유글리시YouGlish는 특정 단어나 표현을 검색하면, 유튜브 영상으로 해당 표현이 실제로 사용된 장면을 여러 개 찾아 들려준다. 뉴스, 강연, 일상 대화 등 다양한 맥락에서 발음과 강세, 리듬, 억양을 확인할 수 있어 교재만으로는 접하기 어려운 생생한 원어민 발음을 익히는 데 도움이 된다. 이러한 특성 때문에 중급자 이상 학습자에게 특히 효과적이다. 유글리시가 해당 단어가 사용된 대화나 강연 문장을 보여준다면 포보forvo

유글리시 사용 방법

예를 들어 프랑스어 coup de grace를 입력하면 이 표현이 사용된 수많은 영상을 즉각 찾아준다. 이 표현을 실제 원어민이 다양한 상황에서 어떻게 사용하는지 확인할 수 있다. 속도 조절도 가능하다.

는 개별 단어의 발음을 확인할 수 있다.

발음을 좀 더 원어민처럼 하고 싶은 학습자는 해당 언어를 원어민 또는 원어민 수준으로 구사하는 한국인 전문가들이 운영하는 유튜브 채널을 활용해 볼 만하다. 이런 채널은 한국인 학습자가 훨씬 이해하기 쉽고 와닿는 조언을 제공하는 경우도 많다. 영어 학습자라면 유튜버 송주연이 운영하는 '잉클(잉글리시 클리닉 englishclinic_byjuliesong)'처럼 영어의 발음과 사용 맥락을 체계적으로 짚어주는 유튜브 채널도 참고할 수 있다.

　　COURSE Ⅲ　훈련　읽듣쓰말 근육을 키워라

헬로톡이나 탄뎀은 대표적인 언어 교환 앱이다. 이 플랫폼에서는 언어 학습자끼리 서로의 모국어를 교환하며 연습할 수 있다. SNS에 학습 언어로 글을 올리면 원어민 사용자가 댓글로 고쳐주거나 피드백을 주기도 한다.

프리플리Preply, 아이토키italki 등은 1:1 원어민 화상 회화 플랫폼이다. 정해진 시간에 튜터와 직접 대화하면서 발음·표현·유창성을 종합적으로 점검받을 수 있다.

최근에는 AI 기반 말하기 연습 앱도 빠르게 늘어나고 있다. 엘사 스피크ELSA Speak, 스픽Speak, 부수Busuu, 스피치링 Speechling 등은 일상 회화 연습과 발음 교정에 유용하다. AI 활용이 아직 낯선 학습자라면, 이런 회화 전용 AI 앱이 더 편하게 느껴질 수도 있다.

말하기 실력은 입을 여는 시간과 비례하여 성장한다. 따라서 유명한 앱을 찾기보다, 부담 없이 매일 짬짬이 사용할 수 있는 도구가 좋다. 이 도구들을 중심으로 매일 입을 풀고, 여기에 더해 일주일에 한 번 정도는 원어민과 직접 부딪히는 시간을 가지면 금상첨화다.

기술은 변해도 학습의 본질은 변하지 않는다. AI가 쏟아지는 시대일수록 본인의 학습 목표를 해결해 줄 '단순하고 확실한 도구'를 선별하라. 잘 고른 도구 하나가 학습 효율을 결정짓는다.

1. 이해 가능한 입력을 만드는 도구

- **텍스트 기반:** 링큐와 리드랑은 수준에 맞는 콘텐츠를 제공하며, 클릭 한 번으로 단어 뜻 확인과 저장이 가능해 읽기 흐름을 유지해 준다.

- **영상 기반:** 랭귀지 리액터와 링고파이는 넷플릭스나 유튜브를 학습 자료로 전환해 이중 자막과 구간 반복 기능을 제공한다. 이지 랭귀지나 테드는 실제 구어체와 정제된 강연을 접하기에 좋다.

2. 공영방송 기반 학습 자료

신뢰도 높은 교육 콘텐츠를 무료로 제공하며, 체계적인 학습 루틴을 만들기에 적합하다.

- **주요 플랫폼:** BBC(영어), DW(독일어), tv5monde(프랑스어), RAI(이탈리아어), NHK(일본어), CCTV(중국어) 등.

3. 말하기 및 발음 출력 도구

- **발음, 맥락 확인:** 유글리시와 포보는 단어가 실제 사용되는 영상과 원어민 발음을 찾아준다.

- **언어 교환 및 화상 회화:** 헬로톡, 탄뎀을 통한 언어 교환이나 프리플리, 아이토키 등의 1:1 원어민 유료 세션을 활용할 수 있다.

- **AI 회화:** 스픽, 엘사 스피크 등 AI 기반 앱은 언제 어디서든 부담 없이 말하기 연습과 발음 교정을 돕는다.

⬆Level Up 실전 적용

학습 언어: _______________________   공부한 날: _________ . _________ .

STEP 1 | 도구 배치하기

본문에서 소개한 도구 중 내 성향과 수준에 맞는 것을 딱 3개만 골라보자.

- **읽기/듣기(입력) 도구 :** ☐ 링큐 ☐ 랭귀지 리액터 ☐ 기타: _______
- **말하기(출력) 도구 :**

☐ 유글리쉬 ☐ 스픽 ☐ 1:1 언어 교환 ☐ 원어민과 화상 회화 ☐ 기타: _______

STEP 2 | 일상 루틴에 끼워넣기

도구는 '공부 시간'이 아니라 '생활의 틈새'에 들어갈 때 가장 강력하다.

시간대	장소/상황	활용할 도구	구체적인 행동(5~15분)
오전	출근/등교길		예) 앙키로 어제 저장한 단어 20개 복습
점심	식사 후 휴식		
오후	퇴근/하교길		
저녁	자기 전 침대		

Xin chào!
Ola!
Buongiorno
你好?
GutenTag
Salut!
こんにちは

자동화

작심삼일을 넘어서는 습관과 멘탈 관리

지속가능

언어를 완성하는
꾸준함의 복리 효과

외국어에 유창하기 위한 두 가지 기둥은 '구조'와 '지속성'이다. 지금까지 우리는 구조, 즉 분야별 효과적 학습법과 우리에게 주어진 한정된 시간을 어떻게 계획할 것인가에 대해 살펴봤다. 이 마지막 장에서는 우리가 외국어 학습 여정에서 만나는 좌절, 포기, 두려움 등 우리를 흔드는 심리적 장벽에 대해 짚어보고 공부를 오래 지속할 수 있는 방법을 생각해 본다.

왜 외국어 공부는 쇼츠보다 지루할까?

작심삼일은 인간의 기본값이다. 꾸준하지 못하는 것은 개인의 의지 부족이나 성격 문제가 아니다. 동기는 갈수록 시들어가고, 한 번 이탈한 궤도에 다시 돌아가기 쉽지 않다. 다시 낡은 습관에 묶이고, 바람 같은 감정에 흔들린다.

뇌는 변화를 싫어한다

뇌는 에너지를 최소한으로 쓰며 현 상태를 유지하려는 경향을 갖고 있다. 새로운 공부를 시작할 때 이상하게도 피곤함이 몰려오거나 책상 앞에 앉는 순간 잡다한 일이 떠오르는 이유는 여기에 있다. 뇌가 '지금 상태를 바꾸지 말라'고 신호를 보내기 때문이다.

외국어 학습은 새로운 단어, 문법, 억양, 발음 등 뇌가 처리해야 할 정보량이 매우 크다. 이럴 때 뇌는 빠르게 피로감을 느낀다. 학습자는 '의욕이 꺾였다'라고 느끼지만 실제로는 뇌가 정상적으로 피로 신호를 보내는 것이다.

언어는 한 번 배워서 끝나는 기술이 아니다. 특히 외국어는 실력이 눈에 띄게 오르는 구간보다 정체기로 보이는 구간이 훨씬 길다. 이 느린 성장 속도는 뇌의 변화 탐지 능력과 잘 맞지 않는다. 그래서 '이게 의미가 있나?'라는 감정이 자연스럽게 생긴다.

목표와 동기는 원래 불안정하다

꾸준함이 무너지는 또 하나의 큰 이유는 우리가 목표를 세우고 동기를 유지하는 방식이 본질적으로 불안정하게 설계되어 있기 때문이다.

동기는 파도처럼 움직인다. 초반 며칠은 의욕이 넘치다가도, 시간이 조금 지나면 급격히 식는 이유는 의외로 단순하다. 동기는 원래 일정하지 않다. 심리학 연구에서도 동기는 고정된 성격이라기보다 상황과 하루 컨디션에 따라 변하는 '상태'로 관찰된다고 한다. 이런 기복이 실제 선택과 노력에도 영향을 준다. 잘 될 때도 있고 잘 안 될 때도 있다. 파도가 높았다가 낮아지듯 동기는 오르내림을 반복한다.

'매일 섀도잉 1시간' '매일 단어 50개 외우기' 같은 과한 목표는 뇌에 부담을 준다. 굳은 마음으로 며칠 버티더라도 일, 학교 숙제가 동시에 밀려들면 언어는 뒷전으로 몰리기 쉽다. 이러다 보면 우리는 목표를 달성하지 못한 죄책감에 시달리고 자연스럽게 '나는 안 돼'라는 자책으로 이어진다.

뇌는 눈앞에서 즉시 보상이 주어지는 일에 강하게 반응한다. 외국어 학습은 그 정반대 위치에 있다.

단어 100개를 외웠다고 해서 바로 오늘 회화가 유창해지지 않는다. 섀도잉 훈련을 일주일 내내 한다고 어느 날 갑자기 외국어 드라마가 들리지 않는다. 인간 뇌는 원시시대 생존에 최적화되어 도파민이 '즉각 보상'에 강하게 반응하도록 길들여졌다. 외국어 학습처럼 구체적 성과가 나타나기까지 오랜 시간이 걸리는 활동은 도파민 분비가 적어 동기가 떨어지게 마련이다. 우리 두뇌는 '이건 생존에 도움 안 돼'라며 배척하게 된다. 반대로 유튜브 쇼츠와 SNS, 게임은 즉각적인 도파민 분비를 유도하여 휴대폰을 우리 손에서 뗄 수 없게 한다.

비슷한 양의 노력을 했을 때 즉각 피드백이 주어지는 활동이 있는 반면, 외국어 학습과 같이 느린 보상이 오는 활동이 경쟁하면 뇌는 자연스럽게 결과가 빨리 나오는 쪽을 선택한다. 의지가 약해서가 아니다. 뇌의 보상 시스템이 그렇게 작동하기 때문이다.

작심삼일은 실패가 아니라 우리 두뇌가 정상적으로 작동

한 결과다. 그래서 우리는 두뇌를 달래가며 이용해야 한다. 꾸준함의 기술이 필요하고 적절한 구조를 마련해야 한다. 그 구조를 어떻게 설계하느냐가 다음에 이어진다.

멘탈

'공부 권태기'를
돌파하는 심리 전략

동기를 되새기고,
목표를 잘게 쪼개라

앞에서 우리는 언어 학습의 일곱 가지 코드 중 '동기와 목표'의 중요성을 확인했다. 그때 우리는 왜 배우는가why를 분명히 하는 것이 학습의 엔진이자 방향타가 된다는 점을 살펴보았다. 처음에는 설레고 선명했던 이유가 시간이 지나면 옅어지거나, 바쁜 일상에 가려져 보이지 않게 된다. 이 흐려짐이 꾸준함을 무너뜨리는 첫 번째 지점이다. 동기와 목표가 일상에 묻혀 자꾸 잊히는데, 그걸 계속 떠올리고 잡아주는 과정이 없기 때문이다.

동기는 지속되는 것이 아니라 '회복되는 것'이다

우리는 동기를 유지하지 못해 고민한다. 흔들리고 출렁이는 동기를 어떻게 다시 끌어올릴 것인가. 핵심은 언제나 처음에 이 외국어를 배우려고 했던 이유를 다시 선명하게 떠올리는 것이다. 동기를 다시 회복하려면 몇 가지 질문이 도움이 된다.

- 작은 진전이라도 느꼈던 순간이 있었나? 그게 왜 기뻤을까?
- 하루 10분이라도 투자하면, 한 달 뒤에 어떤 변화가 생길까?
- 지금 배우는 이 과정이 미래의 '나'를 어떻게 더 멋지게 만들까?

이런 질문은 처음의 why를 다시 현재의 상황과 연결시키는 역할을 한다. 왜 배우는지 다시 떠올리면 행동을 시작할 에너지가 자연스럽게 돌아온다. 꾸준함의 첫 단계는 동기를 '되살리는 능력'을 갖추는 것이다.

동기를 현재형으로 느끼는 것도 중요하다. 이미 일어난 일처럼 상상하면 뇌는 그것을 경험으로 인식하기 시작한다. 파

 COURSE Ⅳ 자동화 작심삼일을 넘어서는 습관과 멘탈 관리

리 어느 카페에서 커피를 자연스럽게 주문하고, 카페 주인과 농담을 주고받으며 웃는 장면을 생생하게 그려보고, 도쿄 어느 회의장에서 바이어와 여유롭게 회의하는 모습을 상상해 보자. 온라인 국제 스터디 모임에서 처음 보는 사람들과도 막힘 없이 의견을 나누고 내가 말할 때 모두가 고개를 끄덕이는 순간을 느껴보자.

목표는 '작게, 구체적으로, 과정 중심'으로 재설계해야 한다

추상적이고 큰 목표는 방향을 제시하는 데는 좋지만, 오늘 당장 행동으로 이어지기는 어렵다. 목표는 '도달하고 싶은 결승선'만이 아니다. 오히려 오늘의 행동을 가능하게 해주는 작은 단위로 나눌 때 힘이 있다. 목표가 작을수록 시작이 쉬워지고, 목표가 구체적일수록 행동의 모호함이 줄어든다. 목표가 과정 중심일수록 성취의 순간이 가까워져 작은 성공을 자주 맛볼 수 있다.

하루 안에 바로 실행할 수 있는 작은 단위로 목표를 쪼개면 유용하다. 예를 들면 '예문 다섯 개 말하기' '짧은 오디오 1분 듣기' '외국어로 10초 말하기' 같은 시도들이다. 이 정도라면 어떤 날이든 해낼 수 있다. 목표가 작아야 꾸준함이 가능하다.

이렇게 매일의 작은 목표가 쌓이면, 그 다음에는 조금 더 큰 흐름을 잡아주는 중간 목표를 세울 차례다. 1개월, 3개월, 6개월처럼 기간을 기준으로 도달하고 싶은 모습을 구체화하면 학습이 막연해지지 않는다. 중간 목표는 '방향'과 '진행 속도'를 알려주는 이정표 역할을 한다.

- **1개월:** 내 실력보다 한 단계 높은 '세련된 자기소개' 하기. 실력은 초급이지만, 꾸준하게 반복 연습해서 자기소개만큼은 중급으로 해보자.
- **3개월:** 일상 회화 질문 100가지에 각각 한 문장으로 바로 답하기.
- **6개월:** 방금 보거나 읽은 콘텐츠를 5문장으로 요약하기.

동기와 목표는 '시작 신호'를 만드는 장치다. 동기는 뭔가 하고 싶게 만들고, 목표는 오늘 무엇을 해야 하는지 보여준다. 이 둘이 선명할 때 학습은 마음속 흐릿한 결심에서 일상의 생생한 행동으로 이어진다.

습관은
최고의 엔진이다

습관은 의지를 대신하여 행동을 이어주는 가장 강력한 구조다. 꾸준함은 의지가 결정하지 않는다. 오히려 반복을 자동화하는 구조가 얼마나 잘 짜여 있는가가 훨씬 중요하다. 제임스 클리어는 《아주 작은 습관의 힘》에서 '신호trigger-열망craving-반응behavior-보상reward'이라는 4단계 습관의 흐름을 제시했다. 이 이론을 바탕으로 언어 학습 습관을 어떻게 구성하면 꾸준히 지속할 수 있을지 구체적으로 살펴본다.

① 언제, 어디서 공부할지 구체화하라

먼저 명확하게 만들어야 한다. 우리 뇌는 새로운 결정을 매우 귀찮아한다. 매번 '오늘 언제 공부하지?' '뭘 하지?'라고 스스로에게 묻는 순간 뇌는 피로를 느끼고 회피하려 한다. 그래서 우리는 불필요한 결정을 생략할 수 있도록 환경과 습관을 '자동화'해야 한다.

샤워, 아침 식사 같은 익숙한 습관 뒤에 공부 루틴을 붙여보자. 뇌는 그것을 더 이상 '새로운 일'로 인식하지 않는다. '매일 아침, 커피를 마신 후, 식탁에서 원서 한 쪽을 읽는다.' 이런 습관 연결하기는 뇌에 명확한 신호를 준다. '커피 마시기'라는 익숙한 행동이 새로운 습관의 방아쇠가 된다. 뇌의 거부감이 사라진다. 이렇게 연결된 습관은 놀랍도록 쉽게 반복된다.

시작 신호가 명쾌하면 더욱 좋다. 뇌가 '이제 공부할 시간이다'라고 인식할 수 있는 감각적인 방아쇠가 필요하다. 매일 같은 음악을 틀며 공부를 시작하면 그 음악이 뇌에 '이제 집중할 시간'이라는 신호로 저장된다. 카페 분위기의 조명이 켜지는 조그만 스탠드를 켜거나, 평소에 잘 쓰지 않는 다양한 형광펜을 공부할 때만 꺼내는 것도 하나의 시작 신호가 될 수 있다. 이런 작은 의식이 집중 상태로 들어가는 문을 열어준다.

물리적인 신호도 도움이 된다. 단어장을 책상 위에 올려놓는 동작을 매일 반복하거나, 휴대폰에 언어 학습 앱 아이콘을 홈 화면 한가운데에 고정해 두는 것처럼 눈에 보이고 손에 익는 습관 설계는 학습을 더 자동화해 준다.

② 하고 싶도록 설계하라

둘째, 매력적으로 만들어야 한다. 열망은 작은 즐거움이나 흥미, 혹은 의무감에서 비롯된다. 우리 뇌는 도파민 분비를 통해 특정 행동을 '더 하고 싶다'라고 느낀다. 흥미로운 점은 도파민이 보상 그 자체보다 기대감이 생길 때 더 많이 분비된다고 한다. 학습 과정에 흥미로운 요소가 있을수록 뇌는 다음 행동을 더 기대하게 된다.

하고 싶은 열망은 사람마다 모두 다르게 작동한다. 좋아하는 영화를 학습 언어로 보거나, 인생 책을 학습 언어로 하루 한 장 읽으면서 재미를 느낄 수도 있다. 현실적으로 바로 시작할 수 있는 방법들도 있다.

- 유튜브에서 1분짜리 외국어 쇼츠를 보고, 마음에 드는 표현 하나만 적어보기.
- 대학교 교환학생 친구에게 하루 한 번 말 걸기 챌린지하기.
- 외국인이 운영하는 SNS에 한 줄 댓글 달기.
- 듀오링고에서 순위 경쟁 참여하기.
- 나홀로 언어 도전 30일 챌린지하기.

학습을 하나의 '작은 의식'처럼 꾸며도 도움이 된다. 좋아하는 차 한 잔을 준비하고 15분 동안 일본어를 공부하거나, 산책하며 팟캐스트를 듣는 등 학습과 함께하는 감각적 요소가 열망을 끌어올린다. 매일 같은 시간, 같은 장소에서 5분만 앉아 원서 두 쪽을 읽거나, 좋아하는 음악을 30초 틀고 기분 전환 후 학습에 들어가기도 좋은 방법이다.

학습 자체를 조금이라도 즐길 수 있는 장치를 찾아보고, 만들어보자. 꾸준함은 뭔가 해야 한다는 부담만으로 지탱하기 어렵다. 소소한 즐거움이 쌓여야 언어는 무거운 부담에서 일상의 작은 활력소가 되고 자연스럽게 생활의 일부가 된다.

③ 바로 실행할 수 있게 만들어라

실행하기 쉽게 만드는 과정도 필요하다. 사람은 복잡한 일을 미룬다. 시작이 어렵거나, 준비할 게 많거나, 생각해야 할 게 많으면 뇌는 즉시 '나중에 하자'를 선택한다. 그래서 최소한의 저항으로 바로 시작할 수 있는 구조가 필요하다.

이때 '2분 법칙'이 유용하다. 2분 동안 한 문단 읽기, 2분 짜리 영어 뉴스 듣기, 2분 동안 듀오링고 레슨 한 개 하기 등과 같이 부담 없는 행동으로 시작하면 좋다. 작게 시작하면 심리적 저항이 사라지고, 자연스럽게 10분, 20분으로 이어나가게 된다.

공부를 '즉각 시작할 수 있는 상태'로 만들어보자. 사소해 보여도, 책을 꺼내고 앱을 찾고 계획을 다시 확인하는 그 몇 분이 집중력을 깬다. 매일 공부를 마칠 때 다음 날 무엇을 어디서부터 시작할지 표시해 두자.

책에는 다음 날 볼 페이지에 포스트잇을 붙여두고, 유튜브 다음 강의 링크를 휴대폰 메모장에 저장해 두고, 필기 노트는 다음 공부할 단원 제목을 미리 써두자. 이렇게 하면 '오늘 뭐부터 하지?'라는 고민 없이, 곧장 학습 모드로 들어갈 수 있다. 시작이 쉬워야 반복이 가능하고, 반복이 되어야 습관이 된다.

④ 뇌가 기분 좋은 경험으로 받아들이게 하라

마지막으로 스스로 만족스러운 감정을 느끼도록 설계해야 한다. 보상은 습관의 마침표이자 그 행동을 다시 시작하게 하는 첫 단추다. 인간의 뇌는 즉각적인 만족에 반응하도록 만들어져 있다. 따라서 언어 학습처럼 성장이 느린 분야에서는 '작은 보상'을 의도적으로 만들어야 한다. 그렇지 않으면 뇌는 지루함을 느끼고, 반복의 동력이 떨어진다.

체크리스트에 오늘 학습 내용을 표시하고, 공부한 날에는 달력에 X 표를 그려보자. 하루 학습 성과를 언어 학습 SNS에 공유해 보자. 평일에 세워둔 목표를 성취하고 주말에는 넷플릭스 영화를 한 편 봐도 좋다. 작은 성취에 대한 보상이다. 이렇게 하면 뇌는 학습을 '기분 좋은 일'로 저장한다.

주간 단위의 최소 성공 기준도 유용하다. 매일 완벽하게 목표를 달성하려고 하지 말아라. 일주일 중 5일 정도 충실하게 학습하고 남은 날은 원서 한 쪽 읽기, 뉴스 1분 시청 등 최소 학습 목표를 채우는 식으로 다소 유연하게 해도 학습은 진전된다. 이렇게 '성공의 기준'을 합리적으로 낮추면 보상은 더 자주 발생하고 습관은 더 빠르게 굳어진다.

보상 단계는 습관을 강화한다. 보상이 분명할수록 행동은 다시 반복되고, 반복될수록 외국어 실력은 자연스럽게 상승한다. 이런 측면에서 꾸준함은 노력의 문제가 아니다. 철저히 보상의 문제다. 만족이 생기면 반복이 일어나고, 반복이 일어나면 실력은 는다.

건너뛴 날은 이렇게 대비하라

"결국 또 작심삼일이네" "역시 나는 안 돼." 단 하루의 공백 때문에 외국어 공부가 결국 포기로 끝나는 경우가 많다. 냉정하게 따지면 사실 하루 정도 공부를 안 하는 건 누구나 있는 일이다. 그 자체가 문제는 아니다. 진짜 문제는 하루가 이틀이 되고, 그게 한 주로 이어지는 흐름이다. 우리 뇌는 연속성을 아주 중요하게 여긴다. 따라서 '흐름이 끊긴 날'이 생길 때 어떤 행동을 하느냐가 그 다음 흐름을 결정한다. 이제부터 그런 순간에 실제로 도움이 되는 대처법을 살펴보자.

① 이틀 연속 건너뛰지 않게 하라

습관이 무너지기 가장 쉬운 순간은 '이틀 연속 빠졌을 때'다. 하루 빠진 건 대개 복구가 가능하다. 하지만 이틀을 거르면 복구가 갑자기 어려워진다. 자책감이 밀려온다. 과거 실패 경험들이 동시에 떠오른다.

이럴 때 사용할 수 있는 전략이 '2일 법칙'이다. 한 번은 빠질 수 있어도 두 번째 날에는 반드시 '작게라도' 학습 루틴에 복귀하자. "듀오링고 한 레슨만 하고 쉬자." 이렇게 스스로를 달래가면서 징검다리를 만들어두면 뇌는 연속성이 끊기지 않았다고 판단한다. 습관의 고리를 계속 잡고 있다는 느낌, 그게 뇌에 긍정적 피드백을 준다. 흐름과 리듬을 잃지 말아야 한다.

② 복귀 루틴을 미리 정해둬라

며칠 안 하다가 다시 시작하려고 할 때 보통 이런 생각에 빠진다. '어떻게 다시 시작하지?' '뭐부터 하지?' '다시 처음부터 봐야 하지 않나?' 이런 고민은 또 다시 실행을 미루게 만든다. 그럴수록 학습은 더 멀어진다. 그래서 '복귀용 루틴'을 미리 정해둬야 한다. 무너졌을 때 당황하지 않도록, 미리 대비가 필요하다.

만약 전날 외국어 공부를 못했다면, '다음 날 아침 식사 전에 반드시 10분 동안 복습한다' '3일 이상 안 했을 경우, 퇴근길에 반드시 팟캐스트 5분을 듣는다' 등과 같이 미리 복귀 루틴을 구상해 둔다.

다시 원래의 루틴에 복귀할 때는 가볍게 시작해야 한다. 2분 내에 수행할 수 있는 분량으로 시작하고, 다음 날부터 다시 조금씩 늘려나가면 뇌도 저항을 적게 한다. 한번 멈추면 제동 효과가 생겨 다시 움직이기 어려울 수 있는데 이렇게 가볍게 시작하면 수월하게 관성을 깰 수 있다.

미리 준비한 복귀 루틴은 '리셋 버튼' 역할을 한다. 혼란 없이 바로 다시 돌아올 수 있게 해주는 구조다. 언어 학습은 빠진 날이 문제가 아니라, 돌아오는 날이 불분명할 때 망가지기 시작한다. 우리에게 언제 닥칠지 모르는 '건너뛰는 날'을 대비해 자신만의 복귀 루틴을 만들어두자.

③기록을 보라

이틀 정도 학습을 건너뛰면 자책하기 시작한다. "이젠 포기한 거지 뭐" "그동안 했던 거 다 물거품 아냐?" 이럴 때 기록이 중요하다. 지난 한 달 동안 우리가 얼마나 했는지를 학습 과정과 흔적을 통해 확인해야 한다. 자책과 죄책감 같은 감정 개입을 차단해야 한다.

달력에 공부한 날마다 X 표시를 해두었다면 "이번 달에 18일이나 했다"라는 사실을 눈으로 확인할 수 있다. 기록은 자신에 대한 왜곡된 인식을 바로잡아준다. 그래서 실수의 기억보다 노력의 흔적을 남겨야 한다. 언어 학습 기록을 자기만의 방식으로 남겨두자. 기록이 우리를 지킨다.

④ 쉬는 날도 설계하라

매일 같은 루틴을 반복하는 것이 꼭 정답은 아니다. 우리는 기계가 아니기 때문에 때로는 의도적으로 리듬을 조절해줘야 한다. 하지만 쉬는 날이 '무계획한 포기'가 되어선 안 된다. 그래서 '계획된 회복'을 만들어둬야 한다.

'토요일은 학습을 쉬되, 넷플릭스는 영어 자막으로 본다' 혹은 '일요일은 앱은 안 켜도, 원서 한 쪽은 큰 소리로 읽는다' 등과 같은 방식은 뇌에 '학습 루틴이 여전히 작동 중이다'라는 신호를 준다. 무엇보다 쉬는 것에 대한 죄책감도 사라지게 해준다.

솔루션

언어의 4가지 복병과 스마트한 대처법

언어, 틀려야 트인다

"아직 준비가 안 됐어." "문법부터 정리하고 말하기를 시작해야지."

전형적인 완벽주의자의 태도다. '틀리면 안 된다'라는 강박은 우리가 받아온 교육과 무관하지 않다. 시험지의 빨간 펜은 실수를 학습 과정이 아닌 결함으로 각인시켰다. 그 결과, 말을 못하는 사람이 아니라 아예 말하지 않는 사람이 되어버린다.

완벽주의의 병폐는 말하기에만 그치지 않는다. 문법을 완성한 후 말하기, 듣기가 완벽해진 후 연습, 모르는 단어를 다 찾은 후 다음 쪽으로. 이 모든 다짐이 같은 뿌리에서 나온다.

하지만 언어 실력은 계단식으로, 때로는 나선형으로 오른다. 모르고 넘어간 챕터가 나중에 저절로 이해되고, 실수한 것이 오히려 더 오래 기억된다. 언어는 본질적으로 틀리면서 느는 활동이다. 완벽주의를 고치려 하기보다, 목표의 기준 자체를 바꿔보자.

언어의 핵심은 정확성보다 전달에 있다. 문법이 조금 틀려도, 발음이 조금 어색해도 상대가 이해했다면 그 자체로 성과다. '틀리면 어떡하지?' 대신 '의사전달이 우선한다'라는 원칙을 마음에 두면 좀 더 쉽게 입을 열 수 있다.

완벽주의자는 말하기 전에 머릿속에서 문장을 완성하려 한다. 하지만 말하기는 완제품 생산 활동이기보다 말해가며 다듬어가는 리콜에 가깝다. 실제로 입 밖으로 꺼내야 어색한 부분이 드러나고, 그때 비로소 무엇을 고쳐야 할지 선명해진다. 말한 뒤에 수정하는 과정을 반복하면서 우리 실력이 성장한다. 특히 초급자일수록 정확성보다는 일단 말을 뱉고 봐야 더 빠른 성장으로 이어진다.

언어 학습에서 실수는 가장 정확한 교사다. 실수는 '내가

  COURSE Ⅳ 자동화 작심삼일을 넘어서는 습관과 멘탈 관리

어디에서 반복적으로 막히는가'를 보여주는 정확한 진단서다. 실수를 할 때마다 '아, 이런 패턴에서 걸리는구나'라고 해석하면 실수는 우리 언어 실력을 성장시키는 가장 중요한 도구가 된다.

유일한 비교 대상은 '어제의 나'

SNS 속 타인의 유창함은 편집된 단면에 불과하다. 출발선과 환경이 제각각인 타인의 빛나는 순간을 나의 현실과 대조하는 일은 조급함과 자기 비난만을 낳을 뿐이다. 언어는 타인과 속도를 겨루는 경주가 아니라, 각자의 리듬대로 나아가는 고유한 여정이다.

비교의 화살을 외부가 아닌 내부로 돌려야 한다. 남의 속도가 아닌 '어제의 나'를 유일한 기준으로 삼을 때, 성장은 비로소 축적의 형태로 모습을 드러낸다. 발음조차 낯설어 쩔쩔매던 과거와 문장을 소리 내어 읽는 오늘을 대조하며 자신의 궤도에만 집중하자. 어제보다 한 발짝 나아갔다는 확신이야말로 언어 학습을 지속하게 만드는 유일하고도 강력한 동력이다.

이번 주 익숙해진 표현이 다섯 개, 이번 주 읽은 원서가

20쪽이라는 사실을 기록하라. 혼잣말을 휴대폰으로 녹음해 보고, 일주일 후에, 한 달 후에 얼마나 좋아졌는지 확인해 보자. 확인하다 보면 남과 비교할 이유가 없어진다. 내 노력의 기록, 성취의 기록, 실력의 흔적이 눈에 보이기 때문이다. 자신의 궁극적 목표가 원어민처럼 언어를 구사하기일지라도, 오늘은 오늘의 단어와 표현을 추가해야 한다. 그렇게 우리는 어제보다 나아진다.

타인의 성장 속도가 아닌 그 사람의 학습 방법과 노하우에 집중해야 한다. "저 사람은 어떻게 공부했을까?" "뭘 어떻게 했길래 저렇게 발음이 좋아졌지?" 이런 질문은 우리를 더 자극하고, 학습 방법과 루틴에 혁신을 가져온다. 기업의 벤치마킹 노력과도 같다. 탁월한 타인의 방법을 훔치면 속도는 자연스럽게 따라온다.

부끄러움의 악순환을 끊는 자신감 3단계

우리 모두 경험이 있다. 틀릴까 봐, 발음이 어색하게 들릴까 봐, 상대가 나를 우습게 볼까 봐 걱정돼서 차마 입을 열기 어렵다. 부끄러움은 단순한 성격 문제가 아니다. 인간의 뇌는 사회적 평가를 생존 위험과 거의 같은 방식으로 처리한다. 타인 앞에서 실수를 드러내는 상황은 생각보다 큰 심리적 긴장을 만든다. 말을 해야 실력이 늘 텐데, 입을 여는 것 자체가 두려우니 출력 활동은 점점 줄어든다. 이렇다 보니 실력이 늘지 않고, 늘지 않으니 더 부끄럽고, 악순환이 계속된다. 이렇게 중도 포기로 이어진다.

부끄러움을 줄이기 위해선 말을 꺼내는 환경 자체를 바꾸는 것이 우선이다. 심리학의 점진적 둔화 이론을 적용하여 단계적으로 말하기에 자신감을 키워보자.

① 1단계: 혼잣말하기

혼잣말하기는 남의 시선을 신경 쓸 필요가 없을 뿐만 아니라, 대다수 언어 고수들이 가장 잘 활용하는 방법이다. 혼잣말을 지속적으로 연습하다 보면 자연스럽게 말하기 실력이 붙고, 실전에서도 자신감을 얻는다. 나의 일상에 대해 말하거나, 그림을 보고 묘사하거나, 교재를 읽고 그 내용을 말로 해보는 것도 좋다.

② 2단계: 편안한 상대에게 말하기

낯선 사람이 아닌 편안한 상대방과 말하는 연습을 반복하면 말하는 부담이 줄어든다. AI 회화 앱을 사용해 인공지능과 대화하거나, 원어민 튜터와 1:1 대화를 하거나, 언어 교환 친구에게 음성 메시지를 보내도 좋다.

③ 3단계: 작은 실전 노출

완벽한 말하기가 아니라 '짧은 문장 하나'를 실전에서 말해보는 단계다. 특히 이 단계는 회화 모임 등 네 명에서 다섯 명의 작은 단위 앞에서 말해보는 식으로 노출 수위를 차근차근 강화하는 것이다. 30초 동안 자기소개를 하거나, 1분 동안 간단하게 어떤 주제에 대해 발표하거나, 친구들과 묻고 답하는 과정을 한 번 이상 시도해도 좋다. 여기에 더해 자신이 아닌 상대방에게 집중하면서 말의 내용, 발음, 억양 등에 주의를 기울이면 그 자체가 학습 과정이 될뿐더러, 자기 검열 또한 사라진다.

**당신의 언어는
끓기 직전 99도다**

마지막 복병은 정체기일 때 오는 초조함이다. 하루도 거르지 않고 몇 달을 노력하고 있는데 실력이 상승되지 않으면 우리는 초조하고 답답하다. '내가 잘하고 있는 건가?' '나는 원래 소질이 없나?' '괜히 외국어 손댔나?' '이 시간에 다른 자격증 공부를 할 걸 그랬나?' 이렇게 초조함을 느끼는 기간이 길어지면서 지치고, 포기하고 싶은 마음이 불현듯 찾아온다. 해법은 정체기를 해석하는 방식을 바꾸고 정체기를 밀고 지나갈 기술을 갖추는 것이다.

외국어 실력은 직선적으로 늘지 않는다. 정체기는 '도약 전 준비 구간'이다. 이 시기가 정체기라는 걸 모르는 이에게는 공포지만, 아는 이에게는 매우 정상적인 신호다. 정체기를 정상으로 받아들이는 순간 초조함은 절반 이상 사라진다.

물은 99도까지 어느 변화도 보이지 않는다. 그러다 100도에서 갑자기 끓는다. 언어도 똑같다. 꾸준히 하면 정체기 한가운데서 갑자기 듣기 실력이 올라가거나 말할 수 있는 문장 길이가 늘어나는 도약이 찾아온다. 정체기에서 포기하는 것은 끓기 직전에 불을 끄는 것이다. 지금이 99도라면 어떻게 할 것인가?

정체기는 뇌가 자극에 둔감해진 상태다. 이때는 학습 난이도를 조정해 자극을 리셋하는 것이 효과적이다. 너무 어렵다면 쉬운 콘텐츠로 자신감의 리듬을 회복하고, 너무 쉽다면 조금 어려운 콘텐츠로 자극을 준다. 또 교재를 뉴스에서 브이로그로, 인터뷰로 다양하게 바꾸면 효과적이다.

언어는 언제나 당신을 기다리고 있다

막연한 동기, 과도한 목표와 기대, 조급함 속에서 우리는 외국어를 중도 포기했던 적이 있다. 하지만 돌아보면 우리가 내려놓았던 것은 언어 자체라기보나 우리를 시치세 만들었던 낡은 학습 방식이었다. 이제 다시 시작해도 된다.

성인이 되어 다시 외국어 공부를 시작한 사람들 중에는 오히려 학생 때보다 "지금이 훨씬 쉽다"라고 말하는 경우가 많다. 단순한 기분 탓만은 아니다. 뇌는 한번 배운 것을 쉽게 버리지 않는다. 외국어처럼 반복적으로 자극받았던 정보는 잠시 사용하지 않아도 조용히 장기 기억 속에 남아 있다. 다시 자극이 들어오면 금세 깨어난다. 녹슬었을 수는 있어도, 사라진 건 아니다. 다시 손에 쥐면 금세 제 모습을 드러낸다. 재학습 효과 때문이다.

다시 시작하면 오히려 예전보다 더 현명하게 시작할 수 있다. 한때의 시도는 근육처럼 남아 있고, 실수의 기억은 다음 선택을 더 정확하게 만든다. 지금 필요한 것은 녹슨 문 손잡이를 살짝 돌려보는 용기다.

처음에는 작게, 쉽게, 짧게 시작하자. 2분짜리 영상 하나, 하루 한 쪽, 하루 다섯 문장 따라 하기로 시작하자. 작은 성공이 쌓이면 학습은 다시 리듬을 되찾는다. 다시 무작정 달리기보다, 왜 멈췄는지 잠깐 돌아보고, 처음에 왜 이 외국어를 배우고 싶었는지도 다시 떠올려보자. 그 이유가 여전히 유효하다면, 이번에는 그 이유와 걸맞은 방식으로 천천히 이어가면 된다.

꼭 끝까지 가야만 의미가 있는 것도 아니다. 초급자 수준에서 멈춰도, 중급자 수준에서 쉬어도 괜찮다. 독일어를 하다 흥미가 사라졌다면 스페인어나 프랑스어로 넘어가도 된다. 지리산을 꼭 종주해야만 산을 올랐다고 말할 수 있는 건 아니지 않은가. 누군가는 가볍게 1박 2일로 다녀오고, 누군가는 중간까지 올랐다가 내려온다. 그 누구도 그 산을 '못 오른 것'이 아니다. 시간과 속도, 목적이 다를 뿐이다.

외국어도 그렇다. 끝까지 가지 못했다고 자책할 필요 없다. 우리는 이미 시도했고, 그 경험은 어디에도 사라지지 않는다. 언어는 완벽을 요구하는 임무가 아니다. 언제 멈춰도 되는, 언제 다시 시작해도 가치가 있는 경험이다.

Xin chào!
Ola!
Buongiorno
你好?
Salut!
GutenTag
こんにちは

Special Tip

언어 수준별 맞춤형 트레이닝

초급자

소리에 익숙해지고, 기본 표현을 자동화하는 단계

고민: 어떤 교재로 어떻게 시작해야 할지 막막하고, 단어를 외워도 말이 안 나온다.

해결: 교재 한 권을 끝까지 붙잡고, 핵심 표현을 입에 붙인다.

📑 학습 자료

주 자료: 오디오가 포함된 초급 단행본 교재 1권.

보조 자료: 유튜브·팟캐스트·링큐 중 1~2개(3~4주 후부터 병행).

🕐 하루 루틴

순서	활동	시간
❶	오늘 정한 오디오를 집중해서 듣는다(30초~1분 분량).	3분
❷	텍스트를 보며 의미를 파악하고, 소리 내어 읽는다.	5분
❸	오디오를 들으며 3~4회 따라 말한다.	5분
❹	유용한 표현 3~5개를 노트에 적는다.	5분
❺	머릿속에 표현을 떠올리며 손으로 써본다.	5분

✏️ 체크리스트

[　] 핵심 패턴 3~5개가 자동으로 나오는가?

[　] 단어와 문장 소리(발음)를 들을 때 의미가 연결되는가?

[　] 하루 15분 학습 루틴이 자리 잡혔는가?

중급자

표현의 양과 질을 확장하는 단계

고민: 읽고 들을 때 대략 이해는 되지만 말이 이어지지 않고, 늘 같은 표현만 반복한다.

해결: 70% 이상 이해 가능한 콘텐츠를 충분히 입력하여 말할 재료(표현)를 많이 쌓는다.

📑 학습 자료

주 자료: 테드, 인터뷰 영상, 링큐 등 70~90% 이해 가능한 콘텐츠, 단행본 교재보다 영상, 오디오 콘텐츠로 전환.

🕐 하루 루틴

순서	활동	시간
❶	콘텐츠를 집중해서 듣고 읽는다.	15분
❷	들은 내용을 쉬운 표현으로 3문장 요약해 말한다. 사실 설명 → 이유·배경 → 의견순으로 말한다.	10분
❸	유용한 표현 3~5개를 메모하고 당일 복습한다.	5분

➕ 심화 연습:

원문을 한국어로, 다시 원문으로 번역하는 양방향 연습(주 1~2회).

✏️ 체크리스트

[　] 매일 충분한 원어민 콘텐츠를 읽고 듣고 있는가?

[　] 모르는 단어가 섞여 있어도 알고 있는 표현을 사용해 콘텐츠를 요약할 수 있는가?

[　] 발음·시제·인칭 등 정확도가 높아지고 있는가?

고급자

정확성과 뉘앙스를 완성하는 단계

고민: 길게 말할수록 논리가 흔들리고, 전문 주제에서 말문이 막힌다.

해결: 굳어진 오류를 교정하고, 같은 내용을 다양한 톤으로 말하는 훈련을 한다.

📋 학습 자료

뉴스 사설·에세이·강연(테드 등) 고급 콘텐츠.

AI 도구(챗지피티 등)를 뉘앙스·톤 교정에 적극 활용.

🕐 하루 루틴

순서	활동	시간
❶	고급 콘텐츠를 듣고, 표현 방식·논리 전개를 관찰한다.	15분
❷	내용을 요약하고 의견을 말하거나 쓴다.	10분
❸	전문 주제로 1~3분 스피치를 녹음한다. 문제 → 원인 → 해결 3단계 구조로 말한다.	10분
❹	AI의 피드백을 받고 수정해 재녹음한다.	10분

✚ 심화 연습:

같은 내용을 격식체·비격식체, 직설·완곡으로 바꿔 말하며
뉘앙스를 완성한다.

🖊 체크리스트

[   ] 전문 주제를 구조적으로 말할 수 있는가?

[   ] 상대·상황에 따라 톤과 뉘앙스를 조절할 수 있는가?

[   ] 반복되는 오류를 의식적으로 줄이고 있는가?

실력을 빨리 높이는 방법: 내 병목 지점 찾기

말이 잘 나오지 않을 때 대부분의 학습자는 '더 열심히 해야지'라고 생각한다. 하지만 문제는 노력의 양이 아니라 어디가 병목인지 아는 것이다. 막힌 지점이 다르면 해법도 다르다. 다음 질문에 답해보자.

1. 말하기: 나는 어디서 막히는가?

단계	나의 증상(병목 지점)	진단 및 처방
❶ 단어	말을 하려는데 단어 자체가 떠오르지 않는다.	단어가 부족하거나, 눈으로만 외워서 말로 꺼내는 훈련이 안 된 것이다. 기본 단어를 늘리거나, 출력 훈련을 늘려야 한다.
❷ 문장 조합	단어는 아는데 문장으로 만들지 못한다.	문장 구조가 아직 익숙하지 않은 것이다. 주어-동사-목적어의 단순한 문장부터 입에 붙이고 거기에 정보를 하나씩 더해간다.
❸ 속도	문장은 만들 수 있는데 시간이 오래 걸린다.	구조는 알지만 자동화가 안 된 것이다. 아는 것을 더 빠르게 꺼내는 반복 훈련이 필요하다.
❹ 전달	말은 하는데 상대가 잘 이해하지 못한다.	발음, 강세, 리듬의 문제다. 발음을 바로 잡아야 한다.
❺ 내용	문장도 나오고 속도도 괜찮은데 대화가 이어지지 않는다.	말할 거리, 즉 배경지식과 표현이 부족한 것이다. 자주 등장하는 테마에 대한 배경지식 등을 쌓아 말할 거리를 늘려야 한다.

2. 듣기: 나는 어디서 막히는가?

단계	나의 증상(병목 지점)	진단 및 처방
❶ 단어	들리는 단어 자체를 모른다.	단어 부족이다. 단어를 먼저 늘리면서 듣기 훈련을 병행해야 한다.
❷ 문장 이해	각 단어는 아는데 문장 전체가 이해되지 않는다.	문장 구조를 귀로 처리하는 훈련이 부족한 것이다. 문장 구조를 익숙하게 하는 연습이 필요하다.
❸ 소리 인식	텍스트로 보면 이해되는데 들으면 이해가 안 된다.	소리의 문제다. 연음, 축약, 빠른 속도에 귀가 익숙하지 않은 것이다. 받아쓰기와 따라 말하기가 효과적이다.
❹ 처리 속도	단어도 알고, 문장도 알고, 소리도 익숙한데 실시간으로 따라가지 못한다.	이해는 되지만 처리가 느린 것이다. 속도를 단계적으로 높여가며 듣는 훈련으로 처리 속도 자체를 끌어올려야 한다.

결국 중요한 것은 단순히 노력을 쏟아붓는 것이 아니라, 나의 실력이 어디에서 멈춰 있는지 냉정하게 진단하는 것이다. 이 표에서 자신의 병목 지점을 찾았다면 이제 그 단계만 집중적으로 공략해 보길 바란다. 하나가 뚫리면 그 다음 단계의 막힘이 자연스럽게 보이고, 그렇게 병목 구간을 하나씩 통과하다 보면 어느새 유창함이라는 목적지에 닿아 있는 자신을 발견하게 될 것이다.

기적의 복습법: 깨내고, 늦추고, 고쳐라

①회상하라, 기억은 '꺼낼수록' 강해진다

- 다시 읽거나, 보는 복습만으로는 장기 기억에 큰 도움이 되지 않는다.
- 오래 기억하려면 배운 내용을 '다시 읽거나, 보는 것'이 아니라 보지 않고 떠올려라.
- 미리 보기 전에 회상하려는 노력만으로도 기억 효과는 크게 좋아진다.

➡️ **적용 방법**

- **어제 본 단어·표현을 힌트 없이 떠올려 보기(플래시 카드 뒷면 가리기, 책 덮고 회상하기).**
- **오늘 배운 표현을 안 보고 말하거나 써보기(안 보고 생각하는 시도만으로 효과가 있다).**

②복습은 타이밍이다, 가물가물해질 때 다시 봐라

- 정보를 한 번 배우고 반복하지 않으면 시간이 지날수록

빠르게 잊는다.

- 망각을 줄이려면 완전히 잊기 전에, '가물가물해질 때' 복습하는 것이 가장 효율적이다.

➡ 적용 방법

- 학습 후 1시간 이내 → 다음 날 → 3일 후 → 1주일 후 → 1달 후 간격을 두고 복습.
- 앙키, 퀴즈렛 같은 망각주기 반복 앱을 활용하면 복습 시점을 자동으로 관리할 수 있다.

③피드백이 있어야 실력이 는다

- 학습 과정에서 무엇을 실수했는지 파악하고 의식적으로 수정하고 보완하라.
- 두뇌는 실수한 경험에 피드백이 얹어질 때 더 오래 기억한다.

➡ 적용 방법

- 챗지피티 등을 활용해 말하거나 쓴 문장을 교정받고, 바뀐 문장으로 다시 말하거나 쓰기.
- 말한 내용을 녹음해 다시 듣고, 어색한 부분을 체크해 자주 틀리는 것 3개만 집중 수정하기.

하루 딱 5분, 혼잣말로 말문 터뜨리기

막상 혼잣말 연습을 하려면 무엇을 말해야 할지 막막해진다. 다음 질문들을 학습 언어로 번역하여 자신에게 묻고, 답해보자. 하루 두세 개의 셀프 인터뷰를 녹음하고, AI 도구로 피드백을 받자. 정확함보다는 자신이 아는 표현으로 멈추지 않고 말하는 것에 집중해야 한다. 연습을 계속하면서 스스로 약점을 진단하고, 활용 문법과 뉘앙스의 수준을 높여갈 수 있다.

①자기소개(이름, 사는 곳, 고향, 하는 일, 전공, 취미 등)

- 이름이 무엇이고 어디에 사나요?
- 지금 하고 있는 일이나 직업이 무엇인가요?
- 전공이나 취미가 무엇인가요?

②현재의 일상과 반복적 행동

- 평소 하루 일과가 어떻게 돼요?
- 요즘 가장 자주 하는 일은 뭐예요?

- 보통 언제, 어디서, 누구하고 해요?

③ 최근 변화와 근황

- 요즘 생활에서 달라진 점이 있어요?

- 최근에 새로 시작한 일이 있어요?

- 예전에는 좋아했지만 요즘은 잘 안 하게 된 게 있어요?

④ 감정과 상태 표현

- 최근에 기분이 좋았던 일은 뭐였어요?

- 언제 어떤 상황에서 스트레스를 받아요?

- 스트레스를 받을 때 어떻게 해결해요?

⑤ 과거 경험을 짜임새 있게 말하기

- 최근에 기억에 남는 경험이 있어요?

- 마지막으로 여행한 곳은 어디예요?

- 과거에 했던 일 중 가장 힘들었던 건 뭐예요?

⑥ 비교와 선호 표현

- A와 B 중에 뭐가 더 좋아요?

- 예전의 나와 지금의 나는 어떤 점이 달라졌어요?

- 요즘 가장 즐기는 것과 예전에 즐기던 것, 뭐가 달라요?

⑦미래 계획과 가정적인 상황

- 이번 주말에 뭐해요?

- 앞으로 꼭 해보고 싶은 일이 있어요?

- 시간이 충분하다면 뭘 하고 싶어요?

⑧설명과 의견

- 하고 있는 일이나 전공에 대해 설명해 주세요.

- 가장 좋아하는 장소에 대해 묘사해 주세요.

- ○○의 장점과 단점을 말해보세요.

⑨가정적 상황에서 문제 해결·설득·조정

- 고민이 있는 친구에게 조언을 해준다면 뭐라고 할 거 예요?

- 불만을 제기해야 한다면 어떻게 말하겠어요?

- 상대방을 설득해야 한다면 어떤 이유를 들겠어요?

⑩추상적 사회 이슈에 대한 의견 표현

- ○○ 문제의 원인은 뭐라고 생각해요?

- 이 문제가 사회에 어떤 영향을 줘요?

- 해결책은 뭐라고 생각해요?

언어 고수들의 이야기

언어로 트로이 유적을 발견한
하인리히 슐리만

"새로운 언어를 하나 익힐 때마다 새로운 삶을 얻는다." 15개 언어를 유창하게 구사한 하인리히 슐리만Heinrich Schliemann의 언어에 대한 사랑은 지적 취미 이상이었다. 가난한 목사의 아들로 태어나 무역업으로 성공하고 트로이 유적을 발굴한 전설이 되기까지 언어는 그가 만든 가장 강력한 성공의 도구였다.

슐리만은 학교 다니던 시절, 프랑스어, 영어, 라틴어를 배웠지만 평범한 축에 속했다. 성적표에는 프랑스어는 '만족스러움', 영어는 '그럭저럭', 라틴어는 '불만족'을 받았다. 이후 거의 6년 동안 식료품점 견습생으로 일했는데, 어느 날 무거운 청어통을 들다가 폐출혈을 일으켜 일자리를 잃었다. 우연히 선실 사환으로 승선한 배는 폭풍에 난파되어 네덜란드 해안에 표류했다.

하지만 이 난파가 그의 운명을 바꿨다. 암스테르담에 정착한 그는 낮에는 사무원으로 일하고, 밤에는 독학으로 외국어를 익히기 시작했다. 슐리만은 성공적인 무역업자가 되기 위해 네덜란드어, 영어, 스페인어, 이탈리아어 등을 배웠다. 이때 그의 나이 20대 초반이었다.

슐리만은 하루 다섯 시간, 주말에는 무려 17시간씩 언어 학습에 매진했다. 그는 약한 기억력을 강화하기 위해 독창적 학습법을 개발했다. 번역 없이 소리 내어 많이 읽고, 매일 수업을 받고, 관심 있는 주제로 에세이를 꾸준히 쓰고, 교사 피드백을 받아 수정한 뒤 외웠다. 그리고 다음 수업에서 다시 낭독했다. 비가 와도 항상 책을 손에 들고 무언가를 외우며 심부름을 다녔고, 우체국에서 기다릴 때도 책을 읽었다. 이런 방법으로 기억력을 점차 강화해 3개월 후에는 매일 수업 내용 20쪽 분량 텍스트를 정확히 암기하는 데 어려움이 없었다.

슐리만은 연봉이 800프랑일 때 그 중 400프랑을 외국어 공부에 썼다. 난방조차 되지 않던 집의 월세가 8프랑이었다는 점을 감안하면 그가 얼마나 언어 학습에 모든 것을 걸었는지

짐작할 수 있다. 그는 원어민 발음을 익히려고 매주 일요일 영국 교회에 두 번씩 가서 설교를 낮은 목소리로 따라 했다.

암스테르담에서는 러시아어 교사도, 교재도 구하기 어려웠다. 그는 러시아어 문법서, 자신이 좋아하는 프랑스 소설 《텔레마크의 모험》 러시아어 번역판과 사전을 구해 러시아어를 시작했다. 또한 일주일에 4프랑을 주고 유대인을 고용해 매일 두 시간 동안 자신이 외운 러시아어를 들어달라고 했다. 상대는 단 한마디도 이해하지 못했지만, 그는 청중이 있다는 사실만으로 더 집중하고, 더 또렷하게 말할 수 있었다.

그는 언어를 삶의 기회를 창출하는 자산으로 만들었다. 25세에 길드 도매 상인으로 등록되었다. 러시아 상트페테르부르크에 자리잡을 때는 사업가로 자리 잡고 막대한 부를 축적했다. 이때부터는 언어가 경제적 필요보다는 취미와 지적 즐거움으로 이어졌다. 그는 자서전에서 이렇게 적었다. "나의 오락은 언어다. 이에 강렬한 열정을 느낀다. 주중에는 바쁘게 일하지만, 일요일에는 소포클레스의 작품을 현대 그리스어로 번역하며 보낸다." 그는 이 시기에 아랍어, 현대 및 고대 그리스어, 라틴어 등을 추가했다. 이때 배운 그리스어는 훗날 트로이 유적 발견에 결정적 기여를 하게 된다.

그는 그리스어를 배울 때 "명사와 동사의 변화만 익히고,

규칙 공부에는 시간을 낭비하지 않았다"라고 말했다. "나는 고대 그리스어를 살아 있는 언어처럼 배웠다. 연습 없이 문법 규칙만 주입당한 학생들이 수백 번 실수를 저지르는 걸 보며, 나는 내 방법이 옳다고 확신했다." 그는 글을 반복해 읽고, 외우면서 문법을 배우고 언어를 습득했다.

슐리만은 한 언어당 약 6주에서 3개월이면 일상 회화가 가능하다 믿었다. 실제로도 그렇게 해냈다. 네덜란드어, 이탈리아어, 스페인어, 포르투갈어, 덴마크어, 노르웨이어, 라틴어, 아랍어, 터키어 등을 유창하게 구사했다. 물론 이렇게 짧은 기간 안에 일상 회화를 구사하는 게 쉬운 일이 아니다. 하지만 평균적인 영어 원어민 화자가 이탈리아어에 유창해지기까지 약 552시간이 걸린다는 통계를 감안하면, 슐리만이 일주일에 42시간씩 학습하여 약 504시간 만에 의사소통이 가능했던 것은 불가능한 수치는 아니다. 이는 그가 선천적인 언어 고수이기 때문이라기보다는 집요한 반복 학습과 노력의 결과로 보는 편이 훨씬 더 합리적이다.

슐리만은 언어를 사업, 학문, 개인적 소통에서 능숙히 활용한 실용적 다언어 구사자였다. 언어를 통해 경제적 부를 일궜고, 신과 영웅들의 언어 그리스어는 그를 트로이의 전설로 이끈 나침반이었다.

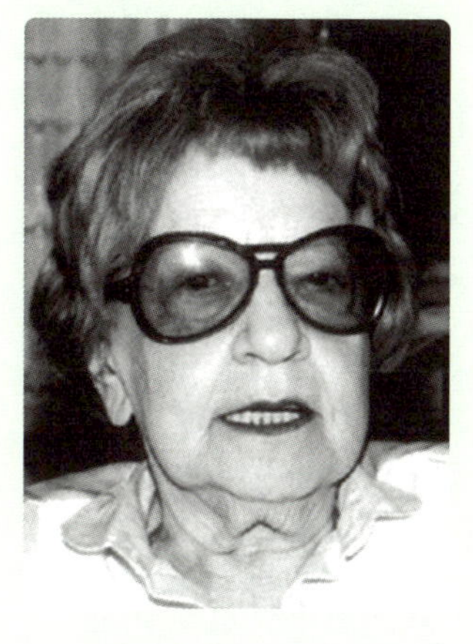

세계 최초의 동시통역사, 롬브 커토

외국어 낙제생에서 세계 최초의 동시통역사 중 한 명이 된 사람. 경제 대공황 때문에 화학 박사 학위를 버리고, 독학으로 영어를 배운 사람. 융단 폭격이 한창이던 2차 세계대전 중에도 사전과 소설을 뒤적이며 러시아어를 정복한 사람. 16개 언어를 통역한 사람. 모두 같은 사람이다. 헝가리 출신 롬브 커토Lomb Kato 이야기다.

고등학교를 졸업할 때까지 커토는 자타공인 외국어 낙제생이었다. 하지만 1930년대 초 경제 대공황 속에서 박사학위만으로는 직장을 구하기 어려웠다. 그는 결국 언어로 생계를 이어가기로 결심했고, 영어를 독학하기 시작했다. 이렇게 20대에 처음으로 외국어를 본격적으로 배우기 시작했고, 마침내 영어 선생님이 되어 학생들을 가르쳤다.

1940년대 초 헝가리는 2차 세계대전 추축국 일원으로 참전하며 소련과 적대 관계에 있었다. 반공 정서가 팽배했던 시기 러시아어 공부는 곧 정치적 의심을 자초하는 위험한 행동이었다. 그는 이를 알면서도 한 중고 책방에서 1860년판 러시아어-영어 사전을 발견하자마자 망설임 없이 구입했다. "나는 그 보물을 가지고 계산대로 직행했다"라고 자서전에서 표현한 것을 보면 이미 그는 언어에 대한 열정과 호기심으로 가득했던 것이다. 이후 어느 날 여관 방에 남겨진 싸구려 러시아 로맨스 소설을 손에 넣게 되면서 씨름을 시작했다. 이 책을 해독하려는 집념은 그에게 러시아어 독해력을 급격히 끌어올렸다.

융단 폭격이 시작된 1943년, 그는 대피소에서 시간을 보내며 러시아의 고전 《죽은 혼》을 헝가리 백과사전에 숨겨 읽었다. 사전을 참고할 수 없는 상황에서 낯선 단어를 과감히 건너뛰는 기술을 익혔고, 이는 이후 언어 추론 능력의 초석이 된다. 당시 그는 포위된 부다페스트 지하실에서 러시아 병사와의 만남을 상상하며 완벽한 문장을 구상했다. 형용사와 부사, 분사를 잔뜩 넣어 우아한 러시아어를 뽐내고, 푸시킨과 레르몬토프의 문학을 비교하며 감동을 줄 계획이었다. 하지만 처음 만난 실제 병사는 "Korova est?(소가 있는가?)"라고 물었고, '소Korova'라는 단어를 몰랐던 그는 당황해 아무 말도 못했다.

1950년대 그는 오랫동안 품어온 질문에 도전한다. 유럽어와 유사점이 거의 없는 언어는 어떻게 배울 수 있을까? 마침 대학교에 개설된 중국어 강좌에 무작정 찾아가 강의실을 수소

문해 들어갔다. "얼마 뒤 12월 아침 새벽녘에 나는 첫 중국어 문장을 해독하기 시작했다. 그 문장은 이랬다. '전 세계 프롤레타리아여, 단결하라! 全世界无产者, 联合起来!'" 그는 이를 계기로 중국어 통역사로도 활동했고, 이어서 일본어도 독학하게 된다. 전통적 어족의 틀을 깨고 완전히 새로운 언어 체계를 받아들인 그의 학습 여정은 언어에 대한 경계 없는 열정을 보여준다.

흥미롭게도 그는 1954년 이전까지 단 한 번도 해외에 나가지 않고도 여러 언어로 통역하고 대학교에서 언어를 가르쳤다. 그 해 처음으로 체코슬로바키아로 단체 여행을 떠난 그는 감사의 표시로 체코어 소설을 읽으며 언어를 익혔고, 이 방식은 그의 전통적 학습법이 되어 이후 스페인어, 이탈리아어, 독일어에도 적용되었다.

그의 학습법은 독창적이었다. 커토는 《언어 공부》에서 자세하게 자신의 학습법을 소개했다. 학습의 첫 단계는 사전 탐색이다. 고유명사와 학습 언어를 비교해 음소-철자 규칙을 추론하고, 단어 자체보다는 언어 구조와 파생 규칙을 먼저 관찰한다. 그 다음 단계는 헝가리어로 설명된 언어 교재를 풀며, 학습 언어의 대강을 익힌다.

커토는 교재와 병행하여 곧바로 해당 언어로 쓰인 책을 읽기 시작한다. 처음엔 동화나 초급 독해서를 반복해서 통독하며 문맥으로 의미를 짐작한다. 익힌 표현은 덩어리째로, 즉 문장 단위로 연습장에 기록한다. 세 번 이상 통독한 후에야 사전을 찾아본다. 그마저도 흥미가 생긴 표현에 한하여 사전을 연다.

듣기와 말하기 연습도 실전 중심이다. 이미 모국어로 내용을 잘 알고 있는 국제 뉴스를 학습 언어로 듣고, 들은 내용을 바탕으로 발음을 추측해 사전에서 단어를 역추적한다. 이 과정은 힘들지만 그만큼 학습 언어의 소리에 최대한 집중하게 한다. 뉴스는 녹음해 반복 청취하고, 원어민 교사와의 대화를 통해 발음과 표현을 다듬는다.

그는 타고난 재능을 믿지 않았다. 반복, 몰입, 그리고 꾸준함이 언어 학습의 핵심이라고 보았다. 그는 주로 소설을 통해 언어를 배웠는데, 같은 책을 최소 세 번 이상 읽었다. 어떤 책은 30번도 넘게 읽었다. 단어, 표현, 문법 모두를 소설 속 맥락을 통해서 익혔다. 그는 하루 10분이라도 언어 학습을 건너뛰지 않는다는 원칙을 평생 지켰다.

그의 언어 열정은 평생 식지 않았다. 세상을 떠나기 불과 4년 전, 90세에도 그는 히브리어를 놓지 않고 있었다.

주기도문 한 편으로 70여 개 언어를 읽힌 바티칸의 사제, 주세페 메조판티

바티칸 어두운 성당 안. 깜빡이는 촛불 아래 한 남자가 주기도문을 읊는다. 라틴어, 아랍어, 중국어, 히브리어. 수십 개 언어가 한 사람의 입에서 자연스럽게 흘러나온다. 주세페 메조판티 Giuseppe Mezzofanti. 언어를 사랑하는 전 세계인들에게 가장 경이적인 인물이자 우상으로 여겨진다. 70개 이상 언어를 유창하게 구사하며, 언어를 통해 신앙과 봉사를 실천한 인물이다. 라디오도, 녹음기도 없던 시대에 그는 어떻게 그렇게 많은 언어를 익혔을까?

그에게 외국어 공부는 지적 유희만은 아니었다. 신앙적 사명에 가까웠다. 교황 그레고리 16세는 세계 각국에서 온 신학생들을 불러 그를 시험했다. 메조판티는 그들의 모국어로 막힘없이 대화했을 뿐 아니라, 지역 은어와 억양까지 구사해 모두를 놀라게 했다. 그가 자유롭게 사용한 언어는 70여 개에 달한다고 알려졌고, 일부 기록에 따르면 114개 언어를 이해하거나 구사했다는 주장도 있다.

그의 핵심 학습 수단은 기도문과 단어 카드였다. 그는 주기도문이라는 동일한 텍스트를 수십 개 언어로 반복해서 듣고 외우며, 각 언어의 음성과 문장 구조를 익혔다. 또한 손수 만든 단어 카드에는 앞면에 단어, 뒷면에 동의어나 예문을 적어 매일같이 복습했다. 이 카드들은 지금도 볼로냐 도서관에 남아 있다. 물론 주기도문이 유일한 학습 자료는 아니었다. 그의 책상에는 다양한 언어로 된 사전, 교리문답서, 어휘집 등이 쌓여 있었다. 그는 문학 작품을 읽으며 언어를 익혔고, 종교적 텍스트를 통해 단어와 문장을 학습했다.

메조판티를 12년 동안 지켜본 동료는 이렇게 전했다. "그는 한 문장을 선택해 오랫동안 곰곰이 생각하며, 모든 방향에서 살펴보았다. 원하는 모든 것을 그 문장에서 얻을 때까지는 다음 문장으로 넘어가지 않았다." 그는 문장 암기는 물론 언어의 구조와 패턴을 깊이 관찰하고, 분석하고, 체득하는 과정을 반복했다. 매일 외국에서 온 신학생들을 찾아가 그들의 입에서 나오는 살아 있는 언어를 익히려 했고, 고해성사를 받으러 가는 길목에서도 외국 시를 중얼거릴 만큼 학습의 끈을 놓지 않았다. "나는 모든 순간을 공부에 사용한다. 마치 걷는 동안 작곡하는 음악가처럼." 그의 끊임없는 몰입과 집요한 학습 태도를 잘 보여주는 사례다.

메조판티는 "처음 20개 정도 언어까지는 조금 어렵지만, 이후부터는 매우 쉬워진다"라고 말했다. 일반인에게는 20개 언어조차 상상하기 힘든 수치지만, 그가 70여 개 언어를 익힐 수 있었던 이유 중 하나는 일정 수준을 넘긴 뒤부터 언어 학습이 가파르게 상승했기 때문일 것이다.

전설 같은 유명한 일화가 있다. 외국인 사형수 두 명이 사형 전에 고해성사를 원했지만, 로마에는 그들의 언어를 아는 사람이 없었다. 메조판티는 사형 집행을 연기해 달라고 요청했고, 초인적 힘으로 그 언어를 집중적으로 익혀 직접 고해성사를 집전했다. 죽음을 앞둔 이들의 마지막 길을 그들의 언어로 배웅한 것이다.

1849년, 그는 75세의 나이로 세상을 떠났다. 이탈리아 반도 밖을 한 번도 떠난 적 없지만, 주기도문 한 장과 손때 묻은 낱말 카드, 그리고 언어를 통해 만난 수많은 사람들의 기억 속에서 그는 전 세계를 품었다.

20개 언어를 정복한
게으른 학습자,
스티브 카우프만

79세에도 여전히 매일 아랍어 오디오북을 듣고, 새로운 단어를 액정에 터치한다. 뜻이 자동으로 뜨고, 앱에 저장된다. 다음 날 그 단어는 다시 화면에 떠오른다. 언어는 그의 하루이자, 습관이며, 기쁨이다. 스티브 카우프만Steve Kaufmann에게 배움에는 은퇴가 없다.

1945년 캐나다에서 태어난 그는 처음부터 언어에 관심이 많았던 건 아니다. 학창 시절 외국어는 특별한 의미가 없었다. 하지만 외교관으로 일본에 파견되면서, 모든 것이 달라졌다. 거리에서 들리는 일본어, 서점에 넘치는 히라가나와 가타카나. 그렇게 언어 세계에 빠져들었다.

그의 학습법은 스티브 크라센의 '이해 가능한 입력' 이론의 살아 있는 본보기다. 카우프만은 흥미로운 콘텐츠를 반복해서 듣고 읽는다. 새로운 단어나 표현은 억지로 외우지 않는다. 다만 콘텐츠 속에서 단어와 표현들을 반복해서 접한다.

부록 Special Tip

그는 말한다. "내 궁극적 목표는 유창해지는 것이다. 하지만 오늘의 목표는 단 하나, 오늘의 표현 몇 개를 익히는 것이다." 이런 철학은 그가 공동 창립한 언어 학습 플랫폼 링큐에도 그대로 반영되어 있다. 학습자가 좋아하는 콘텐츠를 읽고, 듣고, 모르는 표현을 저장하고, 반복해서 익힐 수 있도록 설계된 구조다.

카우프만은 스스로를 '게으른 학습자'라고 부른다. 그래서 더 간편하고 자연스러운 시스템을 만들고자 했다. 책장을 넘기지 않아도, 사전을 찾지 않아도, 클릭 한 번이면 복습까지 이어지는 언어 학습. 그는 그런 환경을 직접 만들어냈다.

"언어는 마라톤이다. 걷고 또 걸으면 도착하게 된다. 정확히 외우지 않아도 괜찮고, 느리게 가도 문제없다." 카우프만이 항상 강조하는 신념이다. 그에게는 '매일 듣고 읽는 것, 그리고 멈추지 않는 것'이 간단하지만 가장 위력적인 학습 원리다.

그는 60세에 러시아어를 배우기 시작했다. 이후 체코어, 우크라이나어, 폴란드어, 루마니아어, 슬로바키아어, 그리스어, 터키어, 아랍어, 페르시아어까지 더했다.

카우프만은 20개가 넘는 언어를 구사한다. 흥미로운 건, 그가 60세 이후 새롭게 배운 언어의 수가 그 이전보다 더 많다는 점이다. 그는 여전히 매일 읽고 듣는 가장 단순한 방법으로 언어 여정을 이어가고 있다.

성인 학습자도 원어민 수준으로 말할 수 있다, 루카 람파리엘로

2016년 그리스 테살로니키에서 열린 폴리글롯Polyglot* 컨퍼런스. 한 이탈리아 남자가 무대에 올라 미국식 영어로 말을 시작하더니, 이내 스웨덴어, 일본어로 자연스럽게 전환한다. 청중은 집중하고, 감탄이 터진다. 그 주인공은 루카 람파리엘로Luca Lampariello. 프랑스어, 러시아어, 포르투갈어 등 15개 이상 언어를 유창하게 구사하는 다언어 화자다.

하지만 그의 시작은 평범했다. 중학교 때 영어와 프랑스를 배우기 시작했지만, "넌 언어에 소질이 없다"라는 말을 들으며 자존감은 바닥까지 떨어졌다. 교실에서 하는 문법 위주의 공부로는 말 한마디 제대로 하지 못했다. 전환점은 미국인 선생님 수잔이었다. 수잔은 문법책 대신 영화, 드라마, 책을 보여줬다. 루카는 그 안에서 진짜 언어를 만났고, 매일 조금씩 듣고

---

* 다국어를 하는 다중언어자(다언어 화자).

읽으면서 점점 입이 트였다. 이 경험은 그의 언어 학습 철학의 핵심이 됐다. 무조건 많이 듣고, 많이 읽는 것. 이것이 그의 단순하고도 위력적인 언어 학습 원칙이었다.

새 언어를 시작할 때마다 실패와 좌절도 있었다. 일본어는 복잡한 문자 체계에 압도당해 중단했고, 루마니아어는 동기가 약해 흐지부지 끝났다. 대신 그는 이 과정을 통해 중요한 사실을 배웠다.

언어 학습에는 명확한 목적과 일상적인 루틴이 필요하다. 2019년부터 루카는 하루 30분씩 정해진 시간에 특정 언어를 접하는 습관 기반 학습법을 실천하고 있다. 큰 목표보다 작은 반복. 시간이 쌓이며 유창함으로 이어졌다.

그가 만든 학습법 중 하나는 '양방향 번역 bi-directional translation'이다. 보통 유창해지려면 '번역하지 말라'는 말이 있지만, 루카는 장점을 취하면서 적극적으로 활용했다. 먼저 외국어 문장을 읽고, 그 의미를 자신의 언어로 자연스럽게 표현한다. 그 다음 그 문장을 다시 원래 언어로 되돌려 쓴다. 이 과정을 반복하면 문법과 어휘가 몸으로 익혀진다. 단순한 의미 전달을 넘어 표현을 완전히 자기화하는 연습이 된다. 읽기, 쓰기, 말하기, 듣기가 이 과정 안에서 유기적으로 연결된다.

루카는 대다수 성인 학습자와 달리 발음에 집착한다. 한

 부록 Special Tip

인터뷰에서 그는 이렇게 말했다. "좋은 발음은 단순한 기술이 아니다. 상대방과 정서적 연결을 만드는 시작점이다. 특히, 좋은 발음은 원어민의 놀라움을 자극하고, 그 놀라움은 학습 동기가 된다." 성인이 외국어를 배울 때 발음은 종종 '나중에 다듬을 것'으로 미뤄지곤 한다. 하지만 루카는 오히려 발음이야말로 가장 먼저 다듬어야 할 요소라고 강조한다.

루카는 단어가 아닌 문장 단위의 억양과 리듬에 집중하라고 조언한다. 문장 전체를 노래처럼 따라하는 것이 더 효과적이라는 것. 그는 소리 하나하나를 분석하는 접근이 아니고 문장 단위로 들으면서 노래 멜로디 따라하듯 섀도잉 훈련을 반복한다.

그는 원어민 같은 발음이 모든 사람에게 가능한 건 아니라고 솔직히 말한다. 하지만 누구든지 신념을 갖고 꾸준하게 노력하면 원어민 발음에 가까워질 수 있다고 강조한다. 루카의 예는 성인 학습자도 원어민에 가깝게 말할 수 있다는 것을 증명한다.

그의 언어 여정은 화려함보다도 꾸준함과 실험 정신, 그리고 입력 중심 학습의 힘을 증명한다. 언어를 외우기보다는 몸에 익히려는 사람, 실패를 피하지 않고 배우려는 사람들, 특히 성인 학습자들에게 루카의 이야기는 강력한 동기부여가 된다.

언어는 색채와 음악이다,
에바 스펙호르스트

2020년 2월 체코의 프라하 라디오는 '17개 언어를 구사하는 소녀: 언어에서 음악과 색깔을 본다'라는 제목으로 15세 소녀 에바 스펙 호르스트Eva Spieckhorst와의 인터뷰를 내보냈다.

체코에서 태어난 에바는 네덜란드인 아버지와 체코인 어머니 사이에서 자라며 자연스럽게 체코어와 독일어를 익혔다. 메리 포핀스의 노래를 따라 부르며 영어의 운율에 빠졌고, 스페인어는 음악에서, 터키어는 친구와의 감정 교류 속에서 그를 매혹시켰다. "누군가의 모국어로 이야기하면 마음이 열린다." 그는 단순한 유창함보다 사람의 마음에 닿는 언어를 더 가치 있게 여긴다.

에바는 언어를 음악처럼 듣고 색채처럼 느낀다. 로망스어 계열은 따뜻한 붉은색과 노란색, 독일어와 그리스어는 푸른색, 일본어는 파스텔 핑크, 한국어는 보라색과 파란색의 중간색으로 다가온다. 언어를 처음 배울 때는 일주일간 무조건 귀로 들고, 느낌을 흡수한다. 소리를 이해하지 못해도 괜찮다. 그는 먼저 그 언어의 음악성과 리듬, 사람들의 표정과 제스처를 감각적으로 받아들이는 것이 무엇보다 우선한다.

이후 문장을 구조화해 분석한다. 문장을 하나의 완성된 표현으로 외우기 보다는 구성 단위로 쪼개어 체계적으로 이해한다. "언어는 시스템이에요. 음악처럼 구성돼 있어요. 그 조각을 알기 전까지는 다음으로 못 넘어가요." 학습 초기에는 맥락과 흥미 중심으로 접근하며, 관심 있는 주제를 스스로 설명하고 반복하면서 어휘와 구조를 내재화한다.

넷플릭스 드라마, 유튜브 영상, 가사 따라 부르기 등은 그의 일상이다. 한국어 드라마 속 억양을 따라하고, 이탈리아어 노래를 흥얼거리며 언어의 감정선을 익힌다. 흥미로운 건, 그가 언어마다 다른 자아를 느낀다는 점이다. 화가 나면 이탈리아어로 생각하고, 상처받으면 한국어가 떠오른다. 긴장될 땐 영어가 떠오르고, 평온한 밤엔 독일어나 체코어로 꿈을 꾼다.

"언어마다 나의 다른 면이 살아나요. 한국어를 말할 때는 좀 더 조용하고 내성적인 사람이 돼요. 반대로 스페인어나 이탈리아어를 하면 갑자기 외향적으로 변하죠."

에바에게 언어는 사람들의 역사이자 감정의 층이다. 그는 언어로 사람들의 삶을 통째로 흡수하고 싶어 한다. 그래서 고

대 언어에도 관심이 많다. 에트루리아 문자를 분석하다가 한
국어와 닮은 구조를 발견하고, 그 유사성에 매료되었다. 테드
강연에서 그는 "억양은 사람을 독특하게 만듭니다"라고 말했
다. 그에게 언어는 말 그 자체를 넘어, 음악이자 색채이고, 감
정이고, 정체성이다.

디지털 도구 활용의 전문가,
주디스 마이어

주디스 마이어 Judith Meyer 는 독일의 작은 마을에서 태어나 외국어라고는 10대 때 학교에서 처음 접한 영어가 전부였다. 이때도 언어에 대한 특별한 재능은 느끼지 못했다. 그러다 인터넷을 통해 영어가 디지털 세계의 관문임을 깨닫고, 언어에 흥미를 느끼기 시작했다. 언어에 대한 열정은 학문으로도 이어졌다. 마이어는 뒤스부르크-에센대학교에서 로망스어와 전산언어학을 전공했고, 언어의 구조와 학습 과정을 과학적으로 탐구했다.

그는 독학으로 14개 언어를 익혔고, 그중 12개 언어로 문학을 읽는다. 이후 그는 자신의 전공과 언어에 대한 애정, 그리고 스스로의 학습 경험을 바탕으로 다양한 언어 학습 교재와 프로그램을 개발했다. 사람들이 언어를 보다 재미있고, 효과적으로 배우도록 돕는 일이 그에게도 무엇보다 중요한 일이다. 언어 학습자들 사이에서 유명한 팟캐스트 GermanPod101의 목소리로 처음 이름을 알렸고, 전 세계 다언어 화자들이 모이는 '폴리글롯 게더링Polyglot Gathering'의 창립자이기도 하다.

마이어의 학습법은 두 가지 핵심 전략에 기반한다. 첫째, 디지털 도구의 전문적인 활용이다. 그는 앙키 플래시 카드로 단어와 표현을 반복 학습하고, 노션으로 학습 일지와 목표를 체계적으로 관리한다. 또한 영상 자막을 플래시 카드로 전환해 주는 디지털 도구를 활용해, 드라마나 애니메이션을 학습 자료로 자동화하는 시스템을 구축했다.

대표적인 사례가 '30일 안에 내가 좋아하는 외국어 드라마 듣기 정복 프로젝트'다. 마이어는 일본 드라마 자막과 영상을 작은 단위로 나눈 뒤, 자막과 소리를 앙키 플래시 카드에 담았다. 이어 매일 하루 한 시간씩 집중 학습했다. 학습이 지속되면서 점차 긴 문장과 자연스러운 대사를 이해할 수 있게 되었다. 문법은 최소한만 다루되 실제 표현의 덩어리를 반복적으로 들으면서 뇌가 소리에 익숙해지도록 했다. 맥락과 반복의 힘을 최대한 활용한 것이다. 다만, 이런 방법의 경우 단기간에 듣기 실력 향상은 가능하나, 말하기나 읽기 실력 향상으로 바로 연결되기는 힘들다.

둘째, 동기 유지를 위한 챌린지 기반 학습이다. 그는 다양한 언어를 대상으로 '90일 도전' 프로젝트를 반복적으로 진행했다. 이 도전은 3개월 동안 하나의 언어에 몰입하며, 진행 상

황을 일정 기간 단위로 영상으로 기록하고 공개하는 방식이
다. 히브리어 학습 당시에는 총 85시간 이상을 투자했고, 그
과정을 유튜브에 공유하며 많은 학습자들에게 자극과 동기를
주었다.

첫날부터 말하라,
베니 루이스

20대 초반 스페인에서 6개월을 보내고도 스페인어를 한마디도 못한 청년. 스스로 언어에 전혀 소질이 없다고 생각했던 사람이 한순간을 계기로 언어에 대한 관점을 바꾸었다. 이제 12개 언어를 구사한다. 아일랜드 출신의 베니 루이스Benny Lewis는 "지금 말하라"로 요약되는 자신만의 철학으로 전 세계 학습자들을 고무시켰다. 그의 핵심 메시지는 단순하다. 언어는 재능보다 용기에서 시작한다. 책보다 사람, 문법보다 대화, 완벽보다 표현이다.

이후 그는 독일어, 이탈리아어, 포르투갈어를 배우며 세계를 여행했다. 2009년에는 '3개월만에 유창하게Fluent in 3 Months'라는 이름의 블로그를 열어 자신의 언어 도전을 기록하기 시작했다. 유튜브, 언어 교환 앱, 디지털 도구를 총동원했지만, 핵심은 늘 같았다. 지금 당장 말하라, 틀려도 괜찮다, 무조건 반복하라.

베니 루이스의 학습법은 간결하고 현실적이다. 그는 시작부터 외국어로 말을 꺼낸다. 문법은 나중 일이다. 처음에는 단어 몇 개로 말이 되지 않아도, 일단 말하고 본다. "화장실, 어디?"처럼 문장이 어색하더라도, 그 표현이 의사소통의 출발이 된다고 믿는다.

그는 실생활에 쓰이는 표현부터 익힌다. 자기소개, 감정 표현, 일상 대화 같은 주제부터 연습한다. 외워두면 바로 쓸 수 있는 짧은 문장을 만들어 연습한다. 언어를 대화에 쓸 수 있을 때 학습 동기가 강렬해진다.

루이스는 몰입 환경을 스스로 만든다. 휴대폰 언어 환경 설정을 바꾸고, 집안 물건에 라벨을 붙인다. 유튜브 영상이나 드라마를 자막과 함께 반복해서 본다. 그냥 생활을 언어 안으로 끌어들인다.

또한 그는 언어 교환 파트너나 원어민 튜터와의 대화를 매우 중요하게 여긴다. 일주일에 두 번 정도 언어 교환 앱을 통해 원어민과 대화를 꾸준히 이어간다. 자기 실수에 대한 원어민의 피드백을 실력 향상의 기회로 삼는다.

베니 루이스는 꾸준함을 무엇보다 중요한 원칙으로 삼는다. 최소한 하루 15분에서 30분. 짧아도 좋다. 하지만 매일 해야 한다. 긴 시간보다 자주 하는 습관이 더 효과적이다. 그는 하루에 다섯 문장만 말해보는 것부터 시작했다. 작지만 명확한 목표는 동기를 만들어준다.

　베니 루이스의 경험은 언어가 선천적 재능이 아니라 시도와 반복의 결과라는 사실을 보여준다. 실전 대화, 실용적인 연습, 두려움 없는 접근이야말로 새로운 언어의 문을 여는 가장 현실적인 방법이다.

단행본

- 사이토 다카시, 《일류의 조건》(정현 옮김), 필름, 2024.
- 손미나, 《나의 첫 외국어 수업》, 토네이도, 2021.
- 스콧 영, 《울트라러닝》(이한이 옮김), 비즈니스북스, 2020.
- 제임스 클리어, 《아주 작은 습관의 힘》(이한이 옮김), 비즈니스북스, 2019.
- Erard, M., 《Babel No More: The Search for the World's Most Extraordinary Language Learners》, Free Press, 2012.
- Krashen, S. D., 《The Input Hypothesis: Issues and Implications》, Longman, 1985.
- Lewis, B., 《Fluent in 3 Months》, HarperOne, 2014.
- Lomb, K., 《How I Learn Languages》, TESL-EJ Publications, 2008.
- Lomb, K., 《Harmony of Babel: Profiles of Famous Polyglots of Europe(Á. Szegi, Trans.)》, tesl-ej Publications, 2018.
- Pimsleur, P., 《How to Learn a Foreign Language》, Pimsleur Language Program, 2013.
- Wyner, G., 《Fluent Forever: How to Learn Any Language Fast and Never Forget It》, Harmony Books, 2014.

논문 및 학술 자료

- Amoruso, L., Hernandez, H., Santamaria-Garcia, H., et al. (2025). Multilingualism protects against accelerated aging in cross-sectional and longitudinal analyses of 27 European countries. *Nature Aging*, 5, 2340-2354.
- DeKeyser, R. M. (2007). Skill acquisition theory. In B. VanPatten & J. Williams (Eds.), *Theories in Second Language Acquisition* (pp. 97-113). Lawrence Erlbaum.
- Nation, P. (2007). The four strands. *Innovation in Language Learning and*

Teaching, 1(1), 2-13.

- Schmidt, R. W. (1990). The role of consciousness in second language learning. *Applied Linguistics*, 11(2), 129-158.
- Swain, M. (1995). Three functions of output in second language learning. In G. Cook & B. Seidlhofer (Eds.), *Principle and Practice in Applied Linguistics* (pp. 125-144). Oxford University Press.
- VanPatten, B. (1996). *Input Processing and Grammar Instruction in Second Language Acquisition*. Bloomsbury Academic.

기사

- 〈한국인 유튜브 일평균 2시간…네카오는 합쳐도 1시간 이하〉, 매일경제신문, 2025.3.2.
- 〈허송세월은 거부합니다… 70세 노인? 나는 파워 시니어〉, 조선일보, 2024.8.17
- "The thousand faces of Heinrich Schliemann, the man who discovered Troy", El País, 2022.12.22.
- "How many words do you need to speak a language?", BBC News, 2018.6.22.

기타

- 미국 국무부(U.S. Department of State), *Foreign Language Training*, National Foreign Affairs Training Center(NFATC).
- 유럽평의회(Council of Europe), The CEFR Levels, *Common European Framework of Reference for Languages*.

영상 및 다큐멘터리

- KBS, 〈역사스페셜 – 잉글리쉬 조선 상륙기〉, 2012.11.8 방영

웹 자료 및 전문 블로그

- 2025 듀오링고 언어 보고서, https://blog.duolingo.com/ko/duolingo-top-languages-2025/
- Arguelles, A., Alexander Arguelles official website

- Hoffmann, E., My journey to Uncle Emil ^(emil-krebs.de)
- Lampariello, L., From zero to polyglot: How I learned 14 languages in 34 years
- Lazarová, D., The girl who speaks 17 foreign languages ^(Czech Radio), 2020.2.26
- Project Gutenberg, The Life of Cardinal Mezzofanti
- Schliemann Museum, Schliemann's multilingualism
- Senstone, Kato Lomb and her 28 languages

부록 사진
- 하인리히 슐리만, 알렉산더 아르게예스, 롬브 커토, 에밀 크랩스, 주세페 메조판티, 리처드 버튼 ©Wikimedia Commons
- 에바 스펙호르스트, 베니 루이스 ©Wikipedia
- 루카 람파리엘로 ©lucalampariello.com
- 주디스 마이어 ©amazon.com

나는 학원 없이
7개 국어를
정복했다